朝鮮戦争は、なぜ[illegible]わらないのか

五味洋治

創元社

戦後再発見双書

はじめに

壁いっぱいに広がった巨大なスクリーンに、突然、飛行場のようすが映しだされました。周囲には、花をもった多くの人びとが集まっており、これからやってくる人を歓迎する準備がされていることがわかります。しばらくそのようすが映ったあと、また突然画面が切りかわり、今度は車に先導されながら滑走路をゆっくり進む飛行機の姿が、大きく映しだされました。

場所は北朝鮮の平壌《ピョンヤン》国際空港。[*註] 飛行機は、韓国の金《キム》大中《デジュン》大統領一行を乗せた「韓国空軍一号機（大統領専用機）」でした。

飛行機が停止すると、ゆっくりドアが開き、なかから金大統領が出てきました。そしてほんの少しのあいだ、遠くを見るような視線を送ったあと、ゆっくりとタラップを降りてきました。その先には赤いカーペットが敷かれ、褐色のジャンバーを着た小柄な男性が待っていました。

北朝鮮の金正日《キムジョンイル》総書記でした。二人はお互い拍手をしながら歩み寄り、そのあと、しっかりと抱きあいました。

長いあいだ敵対関係にあった両国の首脳が抱きあう姿を、私はソウルの中心街にあるロッテホテルの臨時プレスルームで、胸を熱くしながら見まもっていました。いまからもう二〇年近く前の、二〇〇〇年六月一三日のことです。

大統領専用機が平壌に到着したのは、午前一〇時二五分。ソウルを飛び立ってから、わずか一時間七分後のことでした。

金大統領の北朝鮮訪問に同行できたのは韓国人記者だけだったため、外国メディアの記者たちは、ソウルのプレスルームで会談を見守っていたのです。巨大なスクリーンは、このプレスルームに備えつけられていたものでした。

日本人の記者のなかには、泣いている人もいました。韓国のテレビ局は、涙を流しながらキーボードをたたく、その日本人記者の姿を熱心に撮影していました。

涙こそ流しませんでしたが、当時東京新聞のソウル支局員だった私も、心を強く揺さぶられていました。日本人として感じた、**あのときの涙や感動はいったいなんだったのだろうと、いまでも考えることがあります。それは朝鮮半島の南北分断がついに終わるかもしれないという期待や感動だったのか。それとも一種の贖罪《しょくざい》意識がもたらす安堵《あんど》感だったの**

か。

三五年にもわたって日本が植民地支配をし、その後、日本が引き起こした戦争の結果、南北に分断されてしまった朝鮮半島。その長くきびしい歴史のはてに、長年対立してきた両国のリーダーがいま、自分の目の前で固く抱きあっている。

ついに朝鮮半島にも平和が訪れるかもしれない。そして日本の歴史的な責任もしだいに薄まっていくかもしれない。自分もできるかぎり、目の前にいる二人のリーダーを応援しなくてはならない。そんな気持ちになったことを、いまでもよくおぼえています。

＊註　平城国際空港　地名をとって順安《スナン》空港ともよばれます。

歴史的な南北共同宣言では、両国の「統一」に向けての合意がなされました

この劇的なシーンから二日後の六月一五日には、首脳会談の成果として、驚くほど前向きな南北共同宣言が発表されました。それは、

「南北両国の統一については、われわれ同じ民族が互いに力をあわせ、自主的に解決する」

「南北両国は、それぞれの統一案に共通性のあることを認め、今後その方向で統一を求めていく」

「南北両国は経済協力を通じて、民族の経済を均衡的に発展させ、またあらゆる分野での協力と交流を活性化させ、双方の信頼を高める」

など、五項目からなっており、近い将来、今度は北朝鮮の金正日総書記が、ソウルを訪問することも合意されていました。

この共同宣言の最大の成果は、なんといっても南北統一の具体的なプランについて、両国が合意点を見いだしたことでした。

右の二つ目の項目に書かれた「それぞれの統一案」というのは、韓国側は、金大統領の持論である「三段階統一論」のことを意味しています。それは、

① 平和的共存

② 平和的交流

③ 平和的統一（一民族・一統一国家）

という形で、段階を踏んで統一を実現していくというプランです。

一方、北朝鮮側の統一案とは、故金日成《キムイルソン》主席が一九六〇年に打ち出した南北連邦制と、それを発展させた一九八〇年発表の、「高麗《コリョ》民主連邦共和国」案をふまえて考案されたものでした。それは「高麗共和国」という名のもとに、南北双方の思想や体制を認めたまま、両者が地域政府として並立するという、ゆるやかな連邦制の提案だったのです。

最終的な国家像は異なっていたものの、韓国側の「三段階統一論」の第二段階と、北朝鮮側の「高麗共和国」の内容に共通点があるということで、両国が合意したのです。

このとき南北両国の統一と、朝鮮半島への平和の訪れは、それほど遠い将来のことではないという期待を、私をふくめた多くの記者たちがもちました。両国のトップが直接会って、正式に合意したのですから、それも当然でしょう。

この共同宣言は、六月一五日の深夜に発表されましたが、

2000年に実現した平壌における南北首脳会談。右が北朝鮮の金正日総書記、左が韓国の金大中大統領（ソウル新聞提供）

私も発表されたばかりの五項目の合意内容をソウル支局で読みながら、「南北統一の日」が訪れる未来に思いをはせていました。

北朝鮮は、敵視していたはずの在韓米軍の駐留継続についても容認していました

この二〇〇〇年六月の歴史的な首脳会談のなかで、まず韓国の金大中大統領は、北朝鮮が長いあいだ問題視してきた韓国内の米軍の駐留について、こう説明していました。

「日・米・中・ロの四強〔四大国〕に囲まれ、世界でも例のない特殊な地政学的位置にあるわれわれにとって、米軍の韓半島〔朝鮮半島〕駐屯は絶対に欠かせません。

米軍は現在だけでなく、〔両国の〕統一後も必要です。ヨーロッパをみてほしい。ＮＡＴＯ《ナトー》（北大西洋条約機構）の創設と米軍の駐屯は、当初ソ連と東欧共産圏の侵略を防ぐのが目的でした。

しかし共産圏が消滅した現在も、ＮＡＴＯと米軍は存在しているではないですか。ヨーロッパの平和と安定のためにはその存在を継続させることが必要だからなのです」。

このやりとりは二〇〇〇年の一二月一〇日、ノルウェーで行われたノーベル平和賞の授賞式の演説で、金大中自身が明らかにしています。

一方、この言葉に対して、金正日総書記は意外な答えを返します。

南北の統一が実現した後も、

「米軍がいることで〔南北の〕勢力のバランスが維持されるようであれば、わが民族の安全も保障されるでしょう」

という驚くべき見解をのべたのです。

さらにこの会談のなかで金総書記は、こうも語っていました。

「〔金大中〕大統領に秘密事項を正式にお話しします。〔私は〕一九九二年初め、米共和党政府の時期に〔外交担当の〕金容淳《キムヨンスン》書記をアメリカに特使として送り、『米軍が〔朝鮮半島に〕引きつづき残って、南と北が戦争をしないよう、防ぐ役割をしてほしい。東北アジアの力学関係からみて、朝鮮半島の平和を維持しながら米軍が〔朝鮮半島に〕存在しているのが好ましい』

と要請しました」（『金大中自叙伝二』サミン出版社）

そのとき金大統領が、

「ではどうして〔あなたは〕メディアを通じて米軍撤退を主張しているのですか」

とたずねると、金総書記は、

「わが人民の感情をなだめるためですから、その点は理解してくださるようお願いします」

と返事をしたのだそうです。

「わが人民の感情」というのは、かつて朝鮮戦争（一九五〇〜五三年）で激しく戦った米軍が、いまだに韓国内に駐屯し、北朝鮮に軍事的圧力をかけつづけていることへの国民の反発を指すのでしょう。

そして金総書記はさらに、アメリカとの関係が正常化すれば、現在アメリカが危惧しているすべての安全保障問題は解消できるだろうと語り、一日も早く、現在まだ「休戦協定」が結ばれているだけの朝鮮戦争を、平和協定を結んで正式に終わらせるべきであると主張したのでした。

私たち日本人にとっては実に意外ですが、二〇〇〇年の時点で北朝鮮は、ここまで大きな歩み寄りをみせていたのです。

私と朝鮮半島のかかわりは、新聞社への入社直後に始まりました

ここで私と朝鮮半島とのかかわりについて、少しお話しさせていただきます。それは三〇年ほど前にさかのぼります。私は大学を出たあと新聞社に入り、最初に配属された地方支局が神奈川県の川崎市でした。

そのとき借りたアパートは、戦前から鉄鋼業が盛んな南部の川崎区に建っていて、その地域には朝鮮半島出身の人たちがたくさん住んでいました。

周囲には、朴《パク》や金《キム》といった姓の人たちがたくさんいて、冬になると商店街では釜山《プサン》から運ばれたキムチや豚足《とんそく》が売られ、地元の高校では文化祭で、朝鮮の歌や踊りなどが紹介されていました。

こんなエネルギッシュな文化があるんだー。わたしは驚きと好奇心にかられました。それから会社の制度を利用して韓国に一年間留学し、さらに東京新聞のソウル支局でも三年間勤務したのです。その間、とくに韓国と北朝鮮の南北関係や、韓国の政治問題についての取材などにあたりました。

日韓関係は、金大中が大統領に当選した一九九八年から退任する二〇〇三年までが、戦後もっとも良好な時代だったといえるでしょう。小渕恵三首相と金大中大統領は、お互いに戦争を知っている世代で、年齢も近かったせいでしょうか、呼吸がぴったりあっていました。

たとえば一九九八年には金大中大統領が来日し、小渕首相とともに日韓共同宣言（いわゆる「パートナーシップ宣言」）を発表しています。この共同宣言につづいて、韓国内ではそれまで規制されていた日本の大衆文化が開放され、二〇〇二年には日韓によるサッカーのワールドカップ共催が実現しています。日本でいわゆる「韓流ブーム」が起こったのも、このころのことでした。

北朝鮮のミサイルは、すでに核を搭載したうえで日本に発射できる能力をもっています

冒頭でご紹介した二〇〇〇年の南北首脳会談から現在まで、すでに二〇年近い歳月が流れました。韓国の金大中大統領は、南北首脳会談のあと、人道的支援として北朝鮮に毎年、肥料や食糧を二〇〜三〇万トン支援しました。南北に分かれて住む「離散家族」の再会や、

スポーツ、文化交流も活発になりました。

韓国ではこれを「太陽政策」とよんでいます。最盛期には、平壌に韓国政府や、韓国のビジネス関係者約一〇〇〇人が滞在していたこともあります。それほど関係が密になったのです。

しかしその後、朝鮮半島の情勢は、大きく様がわりしてしまいました。**北朝鮮の核実験や弾道ミサイルの発射実験の結果、不信と対立が深まり、太陽政策どころか、きびしい冬の嵐のような関係がつづいています。**あのとき固く抱きあった二人のリーダーも、すでにこの世からいなくなってしまいました。

韓国の有力紙、『東亜日報』が二〇一六年一月に実施した世論調査では、南北の統一の必要性について、韓国人の一〇人中七人（六九・二％）が、

「必要だが急がなくてもいい」

と慎重な姿勢を示しています。一方、

「できるだけ早く統一を実現したほうが望ましい」

という声は一六・五％にとどまり、

「あえて統一する必要はない」

というきびしい意見も一二・五％にのぼりました。

とくに三〇代以下の若い世代は、二〇％以上が統一は必要ないと答えるなど、もっとも冷ややかな反応をみせています。まだ子どもだったときにみた二〇〇〇年の南北首脳会談の期待が大きかったぶん、その後の展開への失望も強かったのかもしれません。

南北統一を研究する韓国の国策シンクタンク・統一研究院が二〇一七年春に行った最新の世論調査では、

「南北のあいだに戦争がなく、平和的に共存できるならば統一は必要ないか？」

という質問に対し、回答者の半数近い四六・〇％が「そう思う」答えていました。いかに統一への熱意が冷め、無関心層がふえているかの現実を示す結果といえるでしょう。

現在、北朝鮮は国際社会の批判に耳を傾けず、核開発や弾道ミサイルの技術を急速に発展させています。もう**何年も前から日本列島全体を射程に収める中距離ミサイル（ノドン）の開発に成功しており、そのミサイルには核弾頭の搭載も可能だと考えられています。**アメリカ本土をねらった大陸間弾道ミサイル（ＩＣＢＭ）も着実に開発されており、まもなく完成し、実戦配備されると多くの専門家たちがみています。

北朝鮮の最新のミサイル発射台は、タイヤのついた移動式のもので、発射される場所を衛星などで特定することが非常に困難です。また固形式燃料を使えば、発射準備から実際に発射するまで、たった三〇分しか、かからないともいわれています。

そして実際に発射されてしまえば、マッハ（音速）二〇に近い猛烈なスピードからいっても、撃ち落とすのは、ほぼ不可能に近いといえるでしょう。どれほどの速度なのかといえば、北朝鮮から発射されたミサイルは、日本に着弾するまで七〜八分しかかかりません。二〇一七年九月一五日に発射されたものをふくめ、北朝鮮のミサイルは、過去六回も日本の上空を通過しています。

韓国では、太陽政策時代に北朝鮮に贈ったさまざまな経済支援が、こういった兵器開発にも使われたとの批判が高まり、南北間で行われていた各種の共同事業が相次いで中断されてしまうことになったのです。

北朝鮮は「日本の米軍基地を攻撃する」と言いはじめました

さらには最近になって、日本に関連した新たな事態も生まれています。

二〇一七年三月六日、北朝鮮は四発の弾道ミサイルを発射しました。ミサイルだけなら私たちも、もうすっかり慣れっこになっていますが、北朝鮮は報道のなかでこのミサイル発射が、

「有事のさいに、在日米軍の基地を攻撃する役割をもった部隊」による発射訓練だったと明らかにしたため、日本の国内は騒然となりました。

四発のうち三発は、秋田県男鹿半島沖の日本の排他的経済水域（ＥＥＺ）に落下しています。そこは日本から約二〇〇キロの距離で、これまで日本に向けて発射されたミサイルのなかで、日本のもっとも近くに着弾していたことがわかりました。そしてその後も北朝鮮のメディアは、日本へのミサイル攻撃をくり返し明言しています。

北朝鮮が直接対立しているのは、現実に核やミサイル開発を非難し、軍事と経済の両面でさまざまな制裁を加えているアメリカや韓国であるはずです。それなのになぜ、わざわざ北朝鮮は、これほど日本を意識したミサイル発射実験をつづけているのでしょうか。

ソウルには朝鮮戦争を戦った「国連軍」が存在し、日本はその「後方基地」になっています

そこには忘れられた事実があります。

いまから七〇年近く前の一九五〇年に朝鮮戦争が起こり、アメリカを中心に「国連軍（朝鮮国連軍）」が結成され、北朝鮮軍および中国人民義勇軍と戦ったことは、みなさんも

よくご存じだと思います。

けれどもその朝鮮戦争が、じつは一九五三年に「休戦」となっただけで、法的にはまだ戦争が継続されている状態であること、

国連軍の中枢である「国連軍司令部」は、いまも韓国にあって現実に機能していること。

そして**東京にある米軍横田基地には、国連軍後方司令部とよばれる部署があり、日本国内にある七つの米軍基地が国連軍基地に指定されている**ことなどは、ご存じない方も多いのではないでしょうか。

外務省によれば、現在国連軍基地に指定されているのは、

●横田基地（東京都）
●キャンプ座間（神奈川県）
●横須賀基地（神奈川県）
●佐世保基地（長崎県）
●嘉手納基地（沖縄県）
●普天間基地（沖縄県）
●ホワイトビーチ（沖縄県）

の七つです。首都圏に三カ所、九州に一カ所、沖縄に三カ所あることをぜひ覚えておいてください。

以前はキャンプ座間にあった国連軍後方司令部は、二〇〇七年に横田基地に移転しています。

もっとも「国連軍後方司令部」といっても、その「規模」は非常に小さく、現在はジャンセン司令官（豪空軍大佐）ほか、カナダ、アメリカ（二人）の合計四人が常駐しているだけです。そのほかには、八カ国（豪、英、加、仏、トルコ、ニュージーランド、フィリピン、タイ）の駐在武官が、朝鮮国連軍の連絡将校として各国の大使館に常駐しています。

「国連軍司令部」があることで、アメリカはいつでも戦争を始めることができます

この韓国にある「国連軍司令部」は、新しい安保理決議などの手続きをなにもとらなくても、ただちに朝鮮半島で戦争を引き起こすことができます。

それがどれほど異常な状態であるかは、二〇〇三年のイラク戦争を見ればわかります。

あのときアメリカは、イラクが大量破壊兵器を保持しているといって、開戦に踏み切り

ました。しかし国連安全保障理事会（以下、安保理）では、ロシアや中国の反対によって武力制裁を明確に認める決議を引き出すことができず、結局有志連合という形になりました。その後、イラクには大量破壊兵器など存在しなかったことが明らかとなり、アメリカは国際社会のなかで大きな批判をあびることになりました。

けれども朝鮮半島でアメリカが開戦に踏み切る場合は、安保理決議などを気にかける必要はまったくありません。なぜなら朝鮮戦争開戦直後の一九五〇年六月二七日（米国時間）に、

「北朝鮮による韓国への武力攻撃を撃退し、この地域における国際の平和と安全を回復する」

という内容の強力な安保理決議が、すでに採択されているからです（決議第八三号→311ページ）。

そしてすでにのべたとおり、朝鮮戦争は休戦しただけでまだ終わっていませんから、この安保理決議も生きています。

ですから、**休戦協定に違反していると考えられる北朝鮮からの侵略行為があれば、アメリカは北朝鮮に対して、「国連軍」として応戦できる国際法上の権利をもっているのです。**

そのためアメリカは朝鮮戦争の休戦後も、朝鮮半島で戦争を行うことをこれまで何度も検討しています。そのなかには、実際に核兵器の使用が検討されたケースさえあるのです。

これは第二章でくわしく紹介することにします。

それだけでも本当に恐ろしいことですが、われわれ日本人にとって、じつはもっと現実的な恐怖があります。それは、たとえ規模は小さくとも、もし朝鮮半島で戦争が起きれば、「国連軍地位協定」という、**日本政府がアメリカなどの一一カ国と結んだ協定によって、日本の米軍基地はすべて、その戦争の後方支援基地として使用されてしまうことになっているのです。**

さらには自衛隊の海外での武力行使を可能にした安全保障関連法（二〇一五年成立）ができたいま、もちろん自衛隊もその朝鮮半島で起こる未来の戦争では、主力部隊のひとつとして参戦することになるでしょう。ですから北朝鮮にとって日本は、潜在的な「敵国」であり、「攻撃対象国」ということになるのです。

アメリカのトランプ大統領は、二〇一七年九月一九日、ニューヨークの国連本部で行った就任後初の一般討論演説で、「米国は強大な力と忍耐力をもちあわせているが、**米国自身、もしくは米国の同盟国を守る必要に迫られた場合、北朝鮮を完全に破壊する以外の選択肢はなくなる**」と明言しました。これには、国連加盟国から「いかなる軍事行動も完全に不適切であると考えており、ドイツは外交的な解決を主張する」（メルケル独首相）と懸念の声がいっせいに上がりました。

一方金正恩《キムジョンウン》党委員長は、その直後にトランプ大統領の国連演説について、「妄言の代価を必ず支払わせる」と強く非難、「トランプ〔大統領〕が世界の面前で私と国家の存在自体を否定し冒瀆《ぼうとく》し、わが国を消し去るという歴代最悪の『宣戦布告』をした以上、われわれも、それにふさわしい史上最高の超強硬措置の断行を慎重に検討する」（二二日の朝鮮中央通信）と罵《ののし》りあいが激しくなっています。

朝鮮戦争を終わらせることが、東アジアの平和のために必要です

では、朝鮮半島の緊張を終わらせ、そこに七〇年ぶりの平和をもたらすためには、いったいどうすればいいのでしょうか。本書では、同じ民族同士を敵にかえ、同時に現在の日米同盟の出発点にもなった朝鮮戦争を、そろそろ終わらせようと提案したいと思います。

このあとくわしくご説明しますが、日米安保を中心とした現在の日本の安全保障システムは、朝鮮戦争を契機にアメリカとのあいだで構築され、そのまま今日までつづいているものです。驚くべきことですが、約七〇年前の朝鮮戦争時に生まれた「冷戦構造」を、い

まなおそのまま引きずっているのです。

日本と同じく国土の防衛をアメリカに大きく依存している韓国では、それでも少しずつ手探りで、国防を自分たちの手にとり戻す努力をつづけています。日本も朝鮮戦争が終結するよう努力し、その過程で、自由と平和に立脚する本来の民主主義国家としての姿をとり戻すべきです。そして東アジアの国々は対立ではなく、共通の価値観にもとづいた新たな安全保障体制を構築する道を模索しなくてはなりません。私がこの本でもっとも言いたいのは、まさにそのことなのです。

ところが現在の日本政府は、アメリカとのあいだに存在する安全保障の枠組みをかえることはまったく選択肢になく、ただ中国と北朝鮮を、崩壊したソ連にかわる「新たな脅威」と位置づけ、従来の冷戦構造を維持しようとしています。

そのためにはどんな理屈に合わないことでも、やりつづけるしかない。すでに限界にきている古ぼけたままの安全保障体制を新しい塗料で上塗りし、歪みが露呈しないよう隠しつづけるしかない。それが日本の現実です。

本書では、これまであまり論じられてこなかった朝鮮戦争と日本の安全保障体制の関係についてときほぐし、これから日本が進む方向を考えていきたいと思います。

五味洋治

朝鮮戦争は、なぜ終わらないのか　目次

凡例

引用中の〔　〕内は著者または編集部が補った言葉。太字・傍点も編集部によるものです。

第1章
首都ソウルにある米軍基地
100年越しの基地移転

朝鮮国連軍がおかれている韓国・ソウルの龍山米軍基地がソウルの郊外に移設されます。北朝鮮との厳しい対立の中、どうして移転が実現したのでしょうか。その事情を調べると、日本がめざすべき方向が見えてきます。

ソウル・龍山基地の遠景（ソウル新聞提供）

韓国の首都ソウルでは、長年、街の中心部に居座っていた米軍基地が、ついに移設されることになりました

ソウル駅から車で十分ほど行くと、レンガ造りの長い壁が見えてきます。一見しただけではなんの施設かわからないのですが、しばらく見ていると、出入り口から体格のよいアメリカ人らしき若者たちが出てきます。なかには灰色の軍服を着ている人もいます。

その長い壁の内側にあるのが、在韓米軍が駐留する龍山《ヨンサン》基地です。首都ソウルの、まさにど真ん中に位置しているこの基地は、面積が二・七平方キロ。出入り口だけでも二〇カ所もあります。

首都のど真ん中にあるという点で、龍山基地は特別な意味をもっています。

国防問題にくわしい韓国紙の記者は、

「日本でいえば、東京の中心部にある日比谷公園が、そのまま米軍基地になった思えばいい」

と話します（もっとも龍山基地の広さは、日比谷公園の二〇倍近くもあるのですが）。

北朝鮮の主要地点と在韓米軍の主要基地

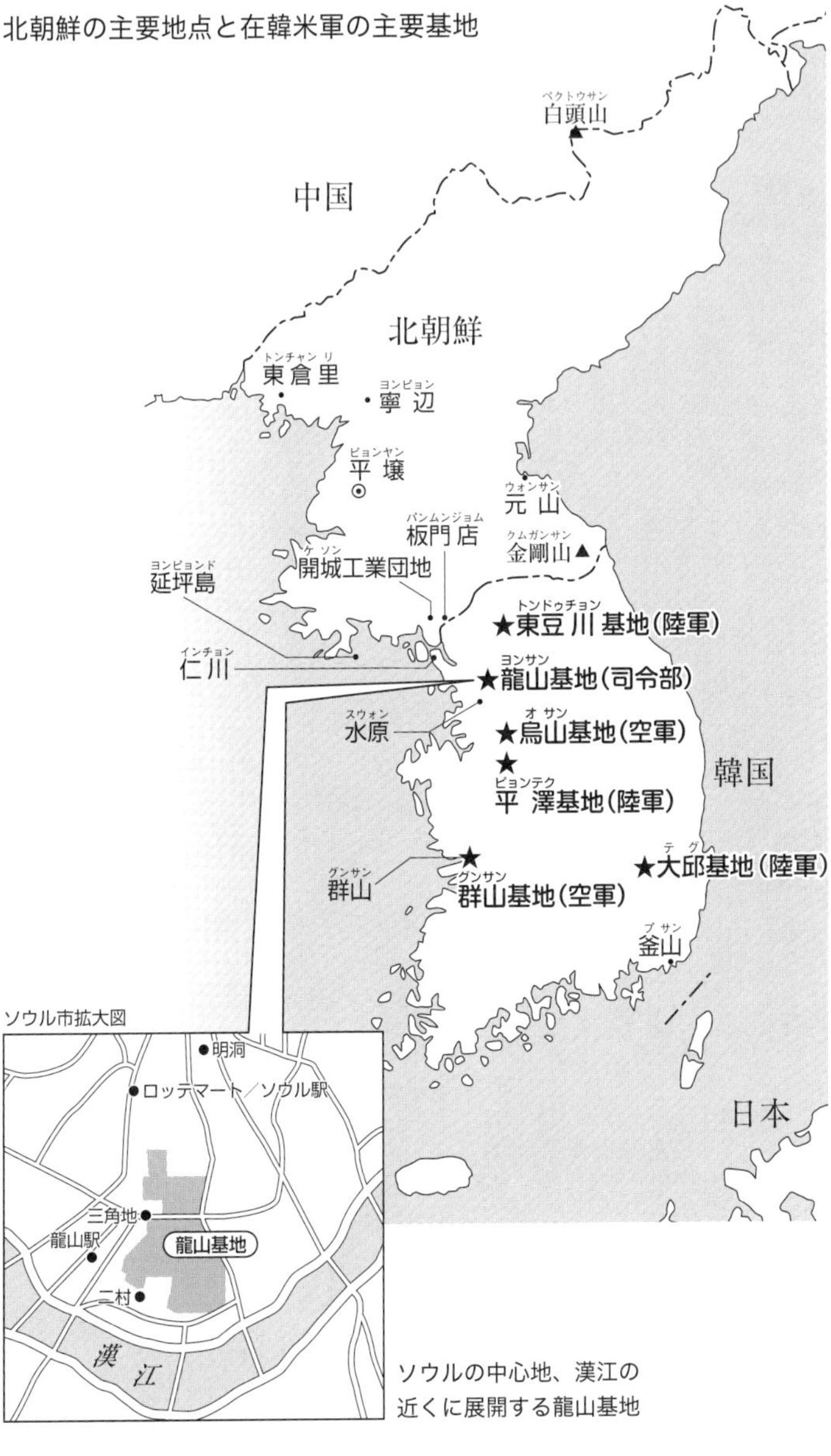

ソウルの中心地、漢江の
近くに展開する龍山基地

龍山基地は長年ソウルの都市機能を分断してきました

龍山基地には、在韓米軍の中枢機能が集中しています。朝鮮戦争（一九五〇〜五三年）の開戦時に創設された「国連軍司令部」や、韓国軍と在韓米軍を統合指揮する「米韓連合司令部」などの建物があるのです。

龍山基地は、漢江《ハンガン》というソウルの中心街を流れる大きな川に面しています。基地の名前の由来は、敷地内に龍の形をした山があることだそうです。

この米軍基地が首都の中心にあるため、ソウルの都市機能は大きく分断されています。周辺を走る地下鉄のルートは基地をさけるために不自然に曲がり、さらに基地の安全性を確保するため、周囲には三階以上の建物の建設が許可されていません。

じつは龍山は、漢江と朝鮮王朝の王宮のあいだに位置しており、昔からずっと軍事的な要衝の地とされてきた土地です。かつては「龍山を制するものが朝鮮を制する」という言葉さえあったほどなのです。

龍山の米軍司令部が、国防省をふくむ韓国の政府官庁の近くにあることで、北朝鮮のソウルへの攻撃に対する大きな抑止力になると長らく考えられてきました。しかし、韓国の民主化運動や、市民団体からの大きな圧力によって、ついに近年、移転がさけられない状況となってきたのです。

韓国政府は、長い交渉の末、この基地をソウルから離れた場所に移設させることでアメリカ側と合意しました。そのために、ソウルの南六五キロにある京畿道《キョンギド》平澤《ピョンテク》という場所の米軍基地への引っ越しを進めています。予定は大幅に遅れていますが、平澤基地の拡張は終わっており、二〇一七年中に必要な施設の建設を終え、二〇一八年内には引っ越しがすべて終わる見通しです。

韓国の基地の姿からは、日本の未来が見えてきます

北朝鮮と軍事的な緊張関係にある韓国にとって、米軍との緊密な関係は欠かせません。ソウルは、北朝鮮とのあいだにある軍事境界ライン[*註]から、わずか三〇キロほどしか離れていないのです。

そして北朝鮮は現在、

「核爆弾を最大六〇発保有している」

「早ければ二〇一八年にも、米国本土に到達する、核兵器を装備した大陸間弾道ミサイル（ＩＣＢＭ）を実戦配備する可能性がある」

と報道されています（二〇一七年七月二五日、同八月八日、米『ワシントン・ポスト』紙）。

これは米国防情報局（ＤＩＡ）の分析を基にしたもので、米情報当局は、北朝鮮が二〇二〇年までにＩＣＢＭを取得する可能性が高いと分析していましたから、実戦配備の時期が大幅に早まることになります。

また、米紙『ニューヨーク・タイムズ』は、二〇一七年八月、大陸間弾道ミサイルのエンジンをウクライナから調達した疑惑を報道しました。ウクライナ政府はこれを否定し、ソ連から技術が流出したと見方を示しています。責任のなすりつけあいですが、短期間でミサイル技術が進歩しているのをみれば、すでに確立した技術が北朝鮮に流れたのはまちがいないでしょう。

核開発は急ピッチで進められており、外部からの攻撃をさけるため多くの軍事施設が地下に建設されています。

そうしたなか、韓国の安全を守るという点だけで見れば、ソウルに米軍の軍事基地をおくことも意味があるかもしれません。しかし**近年、軍備のハイテク化や、通信手段の発達**

が原因となって、「首都のど真ん中に米軍基地をおく必要はない」という市民からの批判が年々高まってきたのです。

私が二〇一七年に訪ねたときも、基地のゲート前では、宗教関係者と思われる人たちが座りこみ、米軍が韓国に搬入したサード（ＴＨＡＡＤ）とよばれる新型迎撃ミサイルの配備に反対していました。北朝鮮や中国を刺激し、新たな軍事的緊張をまねきかねないというのです。

さらに韓国各地の米軍基地がもたらす被害や、米兵たちが引き起こす犯罪や事故の影響もあって、基地反対運動は近年しだいに強まってきました。

韓国が、国内の米軍基地とどう向かいあい、反発し、妥協し、協力したかの歴史をみていくと、日本の未来が見えてきます。このあと日本の状況も対比しながら、くわしくお伝えしたいと思います。

＊註　朝鮮半島で、南北を分ける境界線で、朝鮮戦争の休戦協定で定められました。境界線の周囲には、南北に幅二キロずつ（計四キロ）の非武装中立地帯（英語名ＤＭＺ）が設定されています。北緯三八度線と交差していますが重なってはいません。

龍山基地は、ソウルが外国から支配を受けてきた歴史の象徴です

まず、龍山基地の歴史をさかのぼってみましょう。北朝鮮の攻撃から韓国を守るためにあるこの基地が、市民からきびしい視線をあびてきた理由はいくつもあります。それは単に米軍が基地にしている場所というよりも、「朝鮮半島に進駐してきた外国軍がつねに使ってきた場所」だからなのです。沖縄にある米軍基地の姿と重なります。

龍山はソウルを縦断して流れる大河、漢江《ハンガン》に面した平野で、もともと軍事施設として利用するのに適していたのです。

最初に龍山へ外国の軍隊が入ってきた確実な記録が残されているのは、一三世紀、高麗《コリョ》時代末期のことでした。朝鮮半島に侵入したモンゴル軍が、龍山を兵站《へいたん》基地として利用したのです。さらに一六世紀になると、いまだに韓国で悪名高い豊臣秀吉の朝鮮出兵時にも、加藤清正や小西行長の軍がこの土地に一時駐屯したと伝えられています。また、一八八二年の壬午軍乱《じんごぐんらん》*註では、清軍《しんぐん》三〇〇〇人が駐屯しています。

日露戦争（一九〇四～〇五年）をきっかけに、日本は韓国と「日韓議定書」という書面を取り交わし、韓国の安全のため、軍事上必要な土地を日本が収用することなどを韓国側に認めさせました。この議定書は韓国を植民地化する最初の一歩となり、これにもとづいて日本軍が龍山周辺の土地、約三〇〇万坪を安く入手し、兵営を設置しました。このとき日本軍は、あまりにも広範囲な土地を購入したため、あとで必要ではない部分を韓国政府に返し、民間業者などにも売却したというエピソードも残っています。

＊註　朝鮮王朝の閔氏《びんし》政権とそれを支えた日本に対する、兵士たちの大規模な反乱。

日露戦争で龍山基地は物流拠点として利用され、徐々に拡大されていきました

日露戦争では、朝鮮半島を縦につなぐ「京義《キョンイ》鉄道」が建設されました。兵力や軍需物資を、現在の韓国ソウルから中国や満州に送るのが目的でした。

日本はいまから一〇〇年以上前の一九〇八年には基地内の施設をほぼ完成させました。

そこには、軍司令部、朝鮮総督府官邸、司令官邸、病院、陸軍刑務所などができ、龍山周辺は、日本軍と日本人が居住する特別な地域となりました。

実質的な植民地支配である日韓併合が行われたのは、二年後の一九一〇年のことで、その後も日本軍は増強の一途をたどりました。**戦前、日本が海外に軍をおいていた場所には、旧満州やサハリン、台湾などもありましたが、なかでも朝鮮がもっとも重視され、規模も大きかったのです。**日本の陸軍は全体で二一あった師団（最大規模の部隊のことで、一万五〇〇〇から二万人規模）のなかで、第一九師団と第二〇師団を朝鮮半島に常駐させ、「朝鮮軍」という名前をつけて、現地からも志願兵をつのりました。

その後、日本が一九四五年に敗戦を迎えると、米軍がその朝鮮軍司令部と第二〇師団が使っていた龍山基地の用地を接収しました。龍山をふくめ、韓国内の旧日本軍の基地が新たに米軍基地として生まれかわり、現在まで存続しています。

一九四五年から三年間、アメリカは韓国に対して「軍政」を敷きます。このとき一〇九人の将校たちがアメリカ本国から派遣されたものの、そのなかに韓国語ができる人はおらず、韓国語の通訳もいませんでした。

その結果、裁判がすべて英語で行われるなど、完全にアメリカの支配下のもとで、韓国の戦後の国づくりが行われることになったのです。

龍山基地は、日本の植民地時代をいまに伝える最大規模の建造物です

龍山基地は狭い道路に挟まれ、大きく北側地域《メインポスト》と南側地域《サウスポスト》という二つに分かれています。私も以前、基地の中に入ったことがあります。外国の記者を招待し、中を案内する簡単なツアーでした。この基地のもっとも重要な建物が集まっているのは、基地の北側に位置する「メインポスト」とよばれる地域です。

首都の中心にある基地なので、さすがに巨大な飛行場はありませんが、レンガ造りの二階建ての建物があり、ここを在韓米軍の主力部隊である米第八軍が事務室などとして使っています。この建物は旧日本軍が使用していたものを、そのまま受けついだものです。

韓国の『ハンギョレ新聞』が二〇一三年に伝えたところ

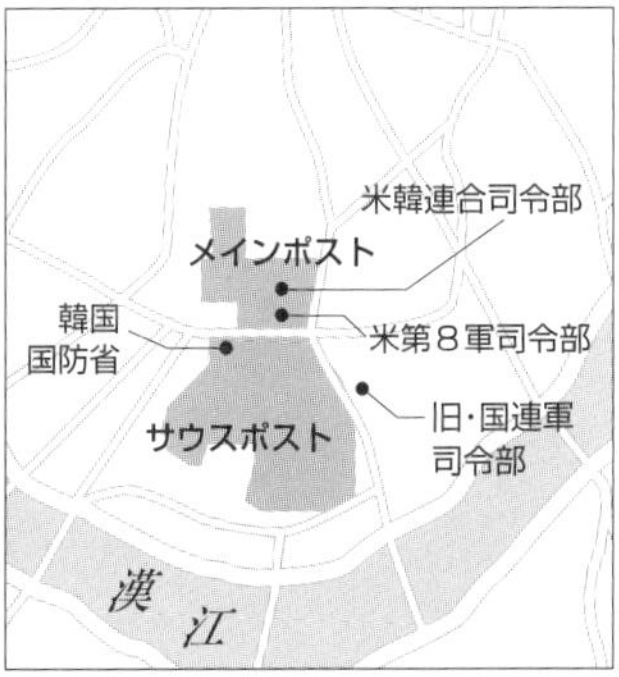

ソウルにある在韓米軍龍山基地、旧日本軍時代の建物が残っている（ソウル新聞提供）

によれば、龍山米軍基地内には一九〇六〜四五年にかけて旧日本軍が建設した施設が、相当な数、残っていました。ソウル市が行ったくわしい調査によるもので、龍山基地内には計一二四五棟の建物があり、うち一三二棟が一九〇六年以後、日本によって築造され、その後も保存されていたものであることが確認されています。

龍山基地は、日本の植民地遺産としては韓国で最大のものといえるでしょう。それをうけついだ米軍にとっても、日本の施設は使い勝手がよかったようです。

米韓連合司令部の地下には、秘密の指揮所があります

米韓連合司令部の建物は、第八軍司令部に向き合うように立っています。一九七八年に韓国政府が建設した二階建てのビルです。国連軍司令部もかねており、地下には有事のさいに使われる「ソウル」とよばれる指揮所*註があります。

さらに戦況が悪化すれば、司令部は龍山基地から遠く離れた場所にある秘密基地（タンゴ指揮所）に移り、ここで作戦の指揮が行われます。

この秘密基地がどこにあるのかは、長い間極秘にされていましたが、現在ではソウル南郊の衛星都市である城南《ソンナム》市にあることがわかっています。そこには核攻撃にも耐えられる地下シェルターがあり、司令部のメンバーが二カ月間生活できるだけの物資がそろっているといわれています。

加えてそこには、韓国軍の幹部も簡単に入れない情報区域があって、諜報衛星や在韓米軍U－2偵察機が撮影した北朝鮮上空の情報はもちろん、アメリカ本土の中央情報局（CIA）や国防情報局（DIA）が把握した最新情報を、リアルタイムで受けとれるようになっているそうです。

＊註　指揮所とは、戦闘を行うための情報が集められ、戦闘に関する指揮、命令も出される場所です。

上　2014年8月、韓国大統領府の地下の危機管理センターで、国家安全保障会議（NSC）を開催する朴槿恵大統領（ソウル新聞提供）

右ページ　ソウル・在韓米軍龍山基地にある米第8軍の司令部（ソウル新聞提供）

現在も戦時に韓国軍を指揮する権利（作戦指揮権）は、米軍がもっています

　アメリカと韓国は、朝鮮戦争をともに戦った「同盟関係」にありますが、その蜜月時代がずっとつづいてきたわけではありません。じつは断絶期もあったのです。

　もともとアメリカは朝鮮半島を、敵対するソ連からの防衛ラインとは考えていませんでした。そのため一九四九年六月三〇日に、米軍は五〇〇人の軍事顧問団を残して韓国から撤退します。この撤退に加え、一九五〇年一月にアチソン国務長官が、韓国はわれわれの防衛ラインの外側に位置しているという趣旨の発言をしたため*註、北朝鮮の金日成が韓国への南進を決意したとされています。

　朝鮮戦争が起きた一九五〇年、米軍はあわてて韓国に戻ります。**そして、李承晩《イスンマン》大統領が戦争に対応する体制を整えるため、暫定的措置として独断で、韓国軍の作戦指揮権を米軍へ「移譲」しました。**

　「作戦指揮権《オペレーション・コマンド》」とは、簡単にいうと軍に命令をあたえて動かす権限のことで、一般的には「指揮権《コマンド》」ともいいます。軍事においてはこの「指揮権」をだれがもっているかが、決定

的に重要な意味をもっているのです。当時は指揮権について、戦闘が行われている「戦時」と、戦闘のない「平時」を分ける考え方はなく、韓国軍は常に完全に、米軍の指揮下におかれていたのです。

このとき李大統領が独断で行った米軍への指揮権の移譲は、「国として当然もっている権限を失うもの」として国民から大きな批判をあびました。現在では、平時の作戦指揮権は韓国軍に返還されていますが、戦時の作戦指揮権は、依然として米軍が握っています。この問題は、第五章でくわしくみることにします。

作戦指揮権は、日本ではあまり知られていませんが、韓国の政治シーンでは常に大きな議論となってきた重大問題で、二〇一七年五月の大統領選でも焦点のひとつとなりました。すでにのべたとおり、韓国軍の戦時の作戦指揮権は、国連軍司令部司令官を兼務する在韓米軍司令官がもっています。その後、一九五四年一一月の「米韓合意議事録」などを経て、作戦指揮権は、「作戦統制権《オペレーション・コントロール》」（ＯＰＣＯＮ）という穏やかな名前にかえられています。名前が違っても、その本質はなにもかわっていませんが、本書では韓国でのよび方にしたがい、以後、この韓国軍を動かす権限を「戦時作戦統制権」とよぶことにします。

＊註　アチソン・ライン。くわしくは129ページ参照。

朝鮮戦争後、米軍は韓国内の基地に駐屯しつづけています

すでにのべたとおり、一九五三年には朝鮮戦争の休戦協定が結ばれました。しかし韓国の李承晩大統領は休戦に反対していたため、李大統領をなだめる意味からアメリカは「米韓相互防衛条約」の締結に応じ、龍山基地に本格的な駐屯を開始します。

その後韓国は、国内に駐留する米軍の法的な権利を定めた「地位協定」を、アメリカとのあいだに結びますが、それは日本の地位協定と同じくきわめて不平等な内容のもので、その後の見なおし作業もなかなか進みませんでした。

在日米軍と在韓米軍は、どちらも米軍内の「太平洋軍」という集団に属しています。しかしそれぞれの軍の構成は、まったくといっていいほど違います。

在韓米軍の約七割は、国境を越えて侵攻してくる北朝鮮軍に対抗するための、約二万人の陸軍部隊です。韓国の陸軍は戦車やロケット砲など、強力な武器を備えています。

次に多いのは空軍で、約八〇〇〇人が駐留しています。あわせて約二万八〇〇〇人の米兵たちが韓国内に駐留しています。ただし、二〇一七年一一月六日、日本で記者会見した

トランプ大統領は、在韓米軍の数を「三万三〇〇〇人」と説明しており、秘密のうちに増強された可能性もありますが、もっとも多かった朝鮮戦争直後の約七万人からは、大幅に減っているのです。

烏山《オサン》基地は極東最大級の空軍基地となりました

一方、ソウル特別市の南方約四〇キロには、米空軍が駐留する烏山基地があり、最新の戦闘機F－15のほか、戦車、装甲車など地上目標の攻撃を主とするA－10とよばれる攻撃機が配置されています。

航空基地といえば、日本には首都圏一都八県の上空に広がる巨大な米軍の管理空域、通称「横田空域」が存在しています。首都の上空であるにもかかわらず、日本の航空機はそこを自由に飛べず、巨大な山脈のような空域を迂回しなければならないため、時間や燃料費や安全性の面で大き

ソウルの南40キロにある在韓米軍烏山基地。最新鋭の戦闘機が配備されている（ソウル新聞提供）

な負担を強いられています。

烏山基地の周辺にも、おそらく米軍機の飛行が優先される同じような管理空域があるものと思われますが、それがどのような仕組みになっているかはよくわかっていません。

この烏山基地が建設されたのは、朝鮮戦争の最中である一九五一年のことでした。初期は陸軍基地でしたが、一九五二年に空軍基地に変更され、約三〇〇〇メートルの長さの滑走路が整備されました。

一九九一年にフィリピンのクラーク空軍基地が閉鎖されたあと、烏山基地は沖縄の嘉手納基地と並んで、極東地域最大級の空軍基地となりました。

日本と同じく、在韓米軍の関係者や家族、アメリカ大統領が韓国を訪問するときは、この基地を通って出入国することが多いようです。

龍山基地の中にある三つの旗が基地の機能を表しています

龍山基地の中にはいろいろな旗が立っています。それをみるとこの基地の役割がよくわかります。ひとつは水色の国連旗、さらに米韓連合司令部の旗、在韓米軍の旗です。もちろん韓国とアメリカの国旗も立っています。

国連旗があるのは、この基地がすでにのべた「朝鮮国連軍」の基地でもあることを示しています。

軍事にくわしい方なら、正規の「国連軍」が長い戦後の歴史のなかで、正式には一度も編成されなかったことをよくご存じだと思います。しかしこのソウルの中央にある米軍基地内には、「朝鮮国連軍」という「非正規」の国連軍が現実に存在しています[*註]。**そしてこの朝鮮国連軍という存在こそが、朝鮮半島の冷戦構造を固定化させるうえで大きな役割をになっていることが、取材をつづけるうちにだんだんわかってきました。**

本書は、この朝鮮国連軍の存在とその矛盾について説明することを主な目的としていますので、これからできるだけていねいに説明していきたいと思います。

国連旗、米韓連合司令部旗、在韓米軍旗などを掲げて行進する龍山基地の儀仗兵（共同通信提供）

＊註　一九五〇年の朝鮮戦争時に編成された「朝鮮国連軍」は、国連憲章（四二条～四七条）にもとづく正規の国連軍ではなく、安保理の「勧告」を根拠として、アメリカとその同盟国が編成したものので、軍の指揮権については完全に米軍司令官がもち、国連はいっさい関与することができませんでした。

朝鮮国連軍司令部は最初、戦地から遠く離れた東京に設置されました

朝鮮国連軍は、一九五〇年六月二五日に勃発した朝鮮戦争が原因で組織されました。同月二七日の国連安保理決議第八三号および七月七日の同決議第八四号が根拠となっています。＊註この戦争にあたり、朝鮮半島における「武力攻撃を撃退し、この地域における国際の平和と安全を回復する」ことを目的としています。

さらに同年一〇月七日には、アメリカ国務省の発案を受け国連総会で、全朝鮮に「統一され、独立した民主政府」を樹立することが国連の目的であるとする総会決議（第三七六号）が、賛成四七票、反対五票で採択されています。これは、朝鮮半島において韓国が正当性のある国だと認め、国連軍が三八度線を越えて北朝鮮を武力統一することにお墨付きをあ

たえる内容でした。

朝鮮国連軍の司令部が最初に設置されたのは、当時マッカーサーが連合軍総司令部（GHQ）をおいていた東京の日比谷にある第一生命ビルでした。激しい戦闘がくり広げられる韓国におくよりも、安全な東京が選ばれたのです。

その後一九五三年七月の休戦協定成立から四年後の一九五七年七月、朝鮮国連軍の司令部はソウルの龍山基地に移転されました。そのかわりに日本には、朝鮮国連軍の「後方司令部」が設置され、現在は東京の米軍横田基地内にあることは、すでに「はじめに」で、お話ししたとおりです。

龍山基地にある朝鮮国連軍は、朝鮮国連軍の司令部本体と、この司令部に配属されている軍事要員からなっています。トップの司令官は在韓米軍司令官です。

さらに米韓連合司令部という組織があり、在韓米軍と韓国軍を統括しています。この司令部のトップも在韓米軍司令官がかねています。米韓連合司令部の副司令官は二人いて、アメリカ人と韓国人がそれぞれ一人ずつとなっています。

朝鮮国連軍司令部が最初に設置された東京・日比谷の第一生命ビル（『東京占領』月刊沖縄社）

朝鮮戦争休戦後の米韓軍協力体制

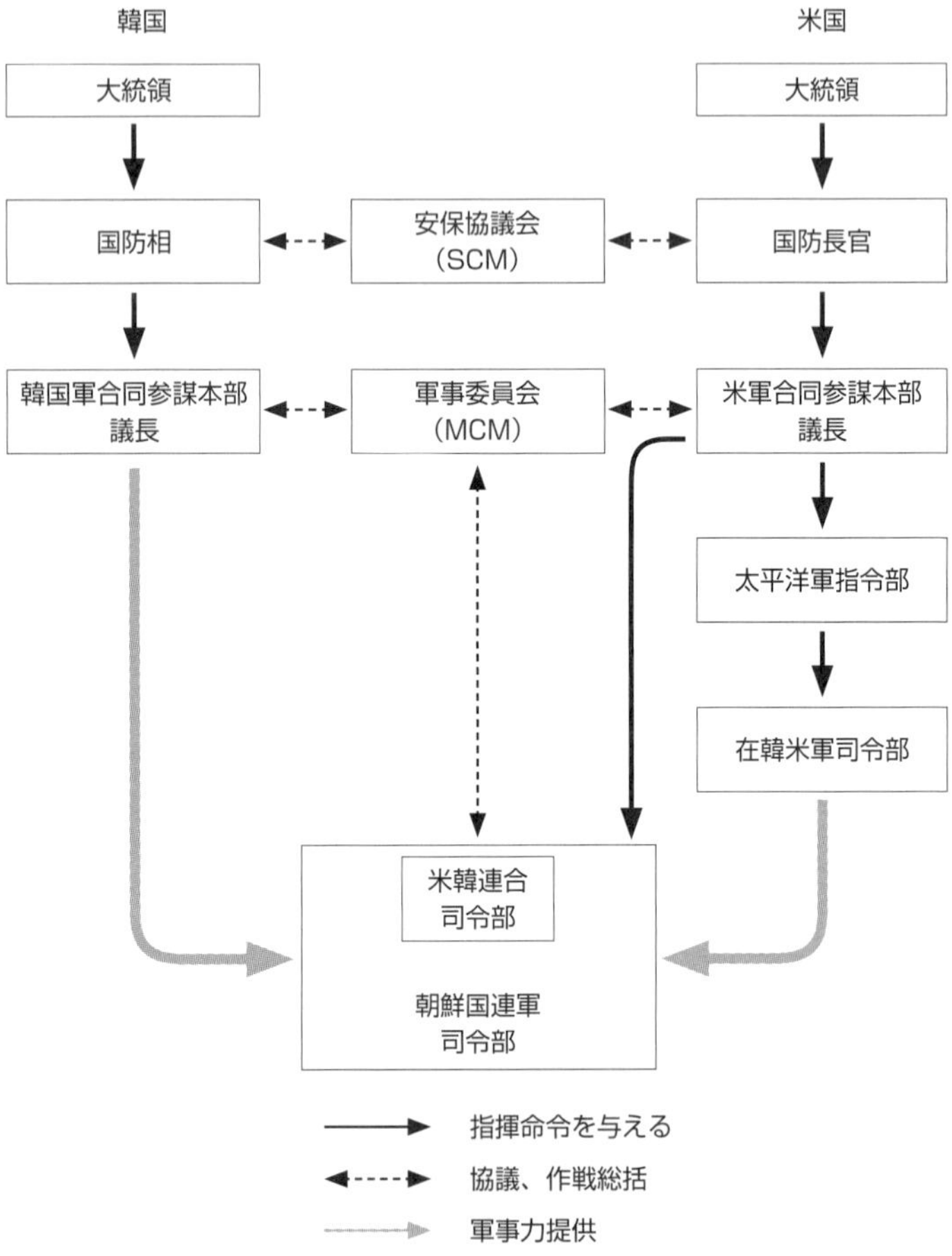

韓国紙・世界日報を参考に作成

朝鮮国連軍司令部や米韓連合司令部など、いろいろ聞き慣れない言葉がでてきて混乱するかもしれませんが、その本質は、要するに米軍の司令官が、在韓米軍と韓国軍の両軍のトップに位置し、さらに国連軍という帽子をかぶっているということです。米軍司令官が在韓米軍に加えて韓国軍も指揮し、共同で軍事行動を行うことで、北朝鮮に「にらみ」を利かせているのです。

＊註　原文は311ページ参照

朝鮮国連軍は朝鮮半島で戦争が起きたときは、日本国内の米軍基地を自由に使う権利をもっています

この本を読んでいるみなさんは、「地位協定」という言葉についてはおそらく聞いたことがあるのではないかと思います。

いちばんよく知られているのは日米両政府のあいだで結ばれている「日米地位協定＊註1」でしょう。それは日本国内に駐留する米軍の特権について定めた取り決めです。

実は朝鮮国連軍も、日本政府と各国が結んだ地位協定（「国連軍地位協定」）によって、日本国内の米軍基地の使用を許されています。一九五四年と、半世紀以上も前に結んだものですが、いまも有効です。この協定のなかに、

「国際連合の軍隊は、合同会議〔日米合同委員会〕を通じ日本国政府の同意を得て、日本国とアメリカ合衆国との間の安全保障条約にもとづいてアメリカ合衆国の使用に供せられている施設〔基地〕及び区域を使用することができる」（五条二項）

という条文があります。

つまり、朝鮮半島で戦争が起こったときは、日本にある米軍基地を自由に使わせてもらいますよ、ということです。[*註2]

それだけではありません。**実際に日本政府は七〇年前の朝鮮戦争では、米軍兵士を戦場に送るための輸送船を戦闘地域の近くまで派遣しています。さらには極秘のうちに、海上保安庁の船を使って機雷の除去を行うなど、事実上の「参戦」もしていました。**そうした基地の提供以外の戦争協力も、独立の回復後、かわらず継続するという取り決めを日本政府はアメリカと結んでいるのです（旧安保条約と同時に調印された「吉田・アチソン交換公文」）。

＊註1　正式名称は「日本国とアメリカ合衆国との間の相互協力及び安全保障条約第六条にもとづく施

＊註2　いちおう日米合同委員会を通じて、日本側の同意を得ることが条件となっていますが、日米合同委員会での「協議」が、米軍の軍人たちが日本の高級官僚たちに対し、基本的に「指示」をあたえるものであることは、いまでは多くの公文書によって明らかになっています。

「朝鮮国連軍」の指揮権は、すべて米軍司令官がもっており、国連安保理の許可をいっさい得ることなく、自由に軍事行動を行うことができます

日本国内には、現在でも国連軍基地に指定されている米軍基地が七つあることは、すでに説明しました（15ページ参照）。国連軍地位協定には、国連軍が撤退を決めた場合、九〇日以内に、日本からも撤退しなければならないと定められています。

けれども国連軍も国連軍基地も、その実態は米軍であり米軍基地ですので、安保条約がなくならないかぎり、七つの基地の使用はつづくことになります。

朝鮮国連軍は、国連憲章の規定にもとづく正式な国連軍ではなく、「国連安保理がお墨付きをあたえた多国籍軍」のような位置づけになっています。**正規の国連軍との最大の違いは、その軍事行動の指揮権について、国連はいっさい関与することができないということ**

とです。

つまり、国連という看板をかかげながら、実際は米軍司令官が自由に動かすことのできる非常に便利な存在だということです。ですから、もしも北朝鮮が韓国側に侵攻してきたときも、国連安保理の許可をいっさい得ることなく、ただちに軍事行動をとることができるのです。

さらに一九五〇年一〇月七日の国連総会決議（第三七六号）にもとづき、朝鮮国連軍は、北朝鮮が崩壊した場合、国際法上、朝鮮半島の北側を統治する主体にもなります。*註

＊註　この決議は、韓国が朝鮮半島内唯一の合法政府であることを認めた一九四八年一二月一二日の国連総会決議一九五号と五〇年六月二五日、同二七日の安保理決議により、韓国の安定と統一、民主主権国家の樹立達成時まで国連軍駐留を勧告しています。

韓国軍の海外派遣に対して、アメリカは大きな見返りをあたえました

米軍は、韓国内に基地をもっているだけではなく、韓国軍に対する戦時の作戦指揮権も

公式にもっています。実は米軍は、日本の自衛隊に対しても戦時の指揮権をもっているのですが、それは密約によるもので、その点が韓国と日本のもっとも大きな違いです。

問題が国民に知られている韓国では、自国の軍隊が米軍の指揮のもとで動くというのは主権国家の恥だとして、作戦指揮権の返還を求める声が根強く、二〇〇六年には盧武鉉《ノムヒョン》大統領もアメリカに強く返還を求めています。さらに二〇一七年に大統領に当選した文在寅《ムンジェイン》は、早期に戦時作戦指揮権の返還を実現することを目標としています。

一方、韓国軍は国連の平和維持活動（ＰＫＯ）に参加した経験をふまえ、米軍の要請に応じて海外への派兵に参加しています。二〇一五年に安保関連法を成立させた日本の自衛隊も、おそらく今後は米軍の要請によって、韓国軍と同じく海外に出る機会がふえるとみられており、韓国のケースをよく検証する必要があります。

韓国軍の海外への派兵は、国際秩序の維持に貢献した面もありますが、兵士たちには大きな被害が出ています。

たとえばベトナム戦争では、一九六四年七月からに一九七三年三月にかけて、約三一万人の韓国軍兵士がベトナムに送りこまれ、そのうち五〇〇〇人以上の兵士たちが、戦闘で命を失っています。

二〇一五年の統計では、枯れ葉剤の後遺症で、肺がんをはじめとする深刻な病気によって苦しむ元兵士の数は、数万人ともいわれています。

大きな犠牲の見返りに、韓国は在韓米軍の維持や、韓国の国土防衛についてのアメリカからのさまざまな協力を取りつけてきました。アメリカは、韓国側が求める基地の移転や縮小だけでなく、基地や軍人の扱いを定めた地位協定の改定にも応じています。アメリカのために「血を流してくれた」国として、韓国の意向を重視せざるをえないのでしょう。

韓国軍の「指揮権」を実は米軍がもっているという問題については、国民もよく知っています。日本にも同じ問題がありますが、それは「密約」として処理されてきました

韓国は、「米韓相互防衛条約」という安全保障上の取り決めを結び、「太平洋地域における、いずれかの締約国に対する武力攻撃」に対して、共同行動をとることを定めています。さらに韓国軍は有事のさい、米軍の指揮下に入ることにも正式に合意しています（これが先ほど説明した「戦時作戦統制権を米軍がもつ」という取り決めのことです）。

この事実は、韓国の国民にはしっかり伝えられており、よく知られています。韓国は、軍の統制権（指揮権）をあえて米軍に「丸投げ」することで、アメリカの軍事力を利用でき、韓国防衛の責任を負担してもらうことができます。アメリカ側にとっても、効率よく

軍事作戦を展開できるというメリットがあります。

軍の指揮権といえば、日本にも「指揮権密約」というものがあります。「戦争になったら、自衛隊は米軍の指揮下に入る」という密約のことです。信じられない人も多いでしょうが、これはアメリカの公文書によって完全に証明された事実なのです。占領終結直後の一九五二年七月二三日と、一九五四年二月八日の二度、当時の吉田茂首相が極東米軍の司令官と口頭でその密約を結んでいます。

その事実を本国へ報告したアメリカの公文書を、現・獨協大学名誉教授の古関彰一さんが発掘し、一九八一年五月二二日号と二九日号の『朝日ジャーナル』で記事にしています（253ページ参照）。

最近でもノンフィクション作家の矢部宏治さんが、『日本はなぜ、「戦争ができる国」になったのか』（集英社インターナショナル）や『知ってはいけない　隠された日本支配の構造』（講談社現代新書）であらためて紹介し、大きな反響をよびました。

韓国はもちろんですが日本だって、軍隊の指揮権は米軍に事実上握られているのです。

トランプ大統領の「安保ただ乗り論」の背景には、自国中心主義の広がりがあります

アメリカの大統領選で、共和党のトランプが当選し、二〇一七年に大統領に就任しました。トランプは大統領選中、日本や韓国が「アメリカとの安保条約にただ乗りしている」という論を展開し、日本の政府関係者の気をやきもきさせました。

その後いったん、この主張は引っこめていますが、今後、自衛隊の役割の拡大や、米国製武器の購入など、いっそうの貢献を求めてくるのはまちがいありません。

経済や人の移動のグローバル化によって、国と国との垣根が低くなり、移民や犯罪対策が課題となってきました。ところがトランプのように、逆に自分の国の産業を保護し、グローバリズムを拒否する指導者もふえています。

ドナルド・トランプ（1946-）　第45代アメリカ合衆国大統領（UPI＝共同）

日本や韓国に対して、より大きな安全保障上の責任を負わせたいというのが、アメリカの本音です

その「自国第一主義（アメリカ・ファースト）」の流れは、安全保障の分野においても、例外ではありません。アメリカの論客のなかには、アメリカは世界の警察役をやめるべきだと主張する人が目立つようになっています。

オバマ政権で、欧州に関するアドバイザーを務めていたジョージタウン大学のチャールズ・カプチャン教授は、国防費を削減し、もっと国内の問題に時間と金を使うべきだという声が強まっていると指摘したうえで、こう書いています。

「アメリカは、（中略）パートナーに地政学上の責任をもっとゆだねるべきだ」

そして、

「日本にも多くの責任を割り当てるべく、日米同盟をアップデートする必要がある」

として、日米同盟のあり方を問い直すよう求めています。（『ポスト西洋世界はどこに向かうのか：「多様な近代」への大転換』勁草書房）

この考え方はトランプ政権にも基本的に引きつがれています。アメリカと同盟関係にあ

る日本や韓国は、そうした軍事面での圧力にさらされながら、トランプ政権と付き合うことになりそうです。

安倍首相は「日米同盟こそが日本の外交と安全保障政策の基軸であり、不変の原則だ」と表明しました

一方、日米同盟について安倍晋三首相は、二〇一七年一月の施政方針演説で、次のようにのべました。

「日米同盟こそが、わが国の外交・安全保障政策の基軸。これは不変の原則だ」

いわば日米同盟への大賛美です。

さらに二〇一七年二月一〇日、安倍首相とトランプ大統領は次のような共同声明を出し、アジア・太平洋地区のどこででも、日本は米軍と協力して軍事行動を行うという姿勢を強くアピールしたのです。

「揺らぐことのない**日米同盟は、アジア・太平洋地域における平和、繁栄及び自由の礎《いしずえ》である。核および通常戦力の双方によるあらゆる種類のアメリカの軍事力を使った、日本の**

防衛に対するアメリカのコミットメント〔関与〕は揺るぎない。アジア太平洋地域においてきびしさを増す安全保障環境のなかで、アメリカは地域におけるプレゼンス〔存在〕を強化し、日本は同盟におけるより大きな役割及び責任をはたす」

ところが現在、その肝心のアメリカの外交・安全保障政策が、日本にとっては不透明になっています。たとえば中国に対して、トランプ大統領は習近平国家主席を賞賛し、北朝鮮に対する圧力をかけてほしいと要請しました。中国に対しては、オバマ政権時代より確実に接近しており、日本政府は戸惑いを隠せません。

一方、アメリカとの関係について、悩みながらも新たな関係を模索する韓国の現在の姿は、日本の未来の姿に重なります。今後の日本の進路を考えるうえでも参考になると思うのです。

基地移転の実現には、思想や政治的立場を超えた市民運動の広がりが、大きな後押しとなりました

在韓米軍が駐留する龍山《ヨンサン》基地は、韓国にとって北朝鮮への脅威に対抗するための軍事拠

点であることは、すでにお話ししたとおりです。しかし、それにもかかわらず、米軍基地の首都からの移転を求める市民の声は非常に強かったのです。

韓国は、社会体制の違う隣国の北朝鮮と軍事的に対立しているという特別な事情から、保守と革新（韓国では「保守と進歩」とよばれます）の二大勢力が激しく争っています。北朝鮮への姿勢は対照的で、保守勢力は北朝鮮への警戒を怠らず、アメリカや日本と協力して厳しく臨みますが、進歩勢力は民族の和解を重視し、北朝鮮との対話や援助に積極的です。

ただし、龍山基地の移転運動に関しては、思想や政治的立場を越えた幅広い運動が起こりました。いったいそれは、なぜだったのでしょう。

たしかに在韓米軍は、韓国の人たちにとって安全保障上の頼れる存在ですが、同時に頭の痛い存在でもありました。米軍基地の内外で兵士たちが身勝手に振る舞い、数々の犯罪やトラブルを起こしており、そうした問題への市民の怒りが、首都のど真ん中にある龍山基地に向けられたのです。

龍山基地移転の開始には、三〇年もの長い交渉が必要でした

日本でも、「世界一危険な基地」とよばれる米軍普天間《ふてんま》基地（沖縄県宜野湾《ぎのわん》市）の、名護市辺野古《へのこ》への「移設」問題が、国と沖縄県の訴訟にまで発展しています。同じくソウルの龍山基地の移転計画も、長い紆余曲折をへています。まさに中断とくり返しの連続でした。

そもそも龍山基地の移転は一九八七年の大統領選で当選した盧泰愚《ノテウ》大統領が、選挙公約として取りあげたものでした。なんと、いまから三〇年前のことです。

韓米両国は一九九〇年六月に、全国九一カ所に散在していた一七三もの米軍基地と施設を、平澤《ピョンテク》と大邱《テグ》─釜山《プサン》地域に移転することで合意し、このとき龍山基地も平澤に移転することになりました。世界的な米軍再編の動きに加え、平澤が海に面していて、人員の輸送に好都合なことや、中国により近いことが移転の決め手になりました。

しかし、致命的だったのは、移転に関する合意のなかに、**「移転の日程とその規模は、将来の状況の変化によって変更できる」**

と書きこまれていたことでした。この条項をたてに、在韓米軍は移転を再三引き延ばしつづけたのです。

さらに代替地と移転費用をめぐる韓米間の意見の対立によって、金泳三《キムヨンサム》政権のスタート直後の一九九三年六月、基地移転は事実上白紙にもどされてしまいます。

その後、アメリカにきびしい姿勢で臨んだ盧武《ノム》鉉《ヒョン》政権下の二〇〇三年四月、韓米両国は、龍山基地の移転交渉をやり直しました。

その結果、二〇〇三年五月の韓米首脳会談で、両国は龍山基地の早期移転に合意しました。

けれども、これでようやく進むかと思われた移転は、代替地の規模と移転費用をめぐる両国の意見の対立のため、またもや一年以上、中断状態となります。

二〇〇四年八月、ついに両国は、龍山基地移転協定および移転合意書に仮署名し、その

金泳三（1927-2015）　第14代大韓民国大統領（アメリカ合衆国政府）

盧武鉉（1946-2009）　第16代大韓民国大統領（アメリカ国務省ホームページ）

年の一〇月から一二月にかけての閣僚会議での議決や国会での批准をへて、法的な手続きを終えました。

しかしこの間に移転費用はどんどん膨らみ、二〇一七年一一月の段階で、一六兆ウォン（一〇ウォンは約一円）となってしまいました。そのうち韓国側が九二％と、大半を負担することになっています。

漢江《ハンガン》への毒物放流事件は市民に衝撃をあたえ、これを題材とした映画までつくられることになりました

米軍基地の怖さを市民に思い知らせ、移転への大きな弾みとなったのが、毒物放流事件でした。

これは龍山基地に駐屯する部隊が二〇〇〇年に、漢江に劇薬のホルムアルデヒドを公表しないまま、流していた事件です。

この化学物質は、発がん性が高く、眼、鼻、のどなどを刺激し、アトピー性皮膚炎の原因物質のひとつともされています。

米軍はこのホルムアルデヒドを、死体の防腐剤として使用したあと、漢江に無断放流し

たのです。そして放流がメディアによって報道されたあとも、米軍側は開き直り、「川の水で薄まったので問題ない」と釈明し、市民の憤激を買いました。

この事件はのちに、ホルムアルデヒドによって魚が突然変異し、人間を襲うという「グエムル―漢江の怪物」という映画のモチーフにもなりました。

この映画は韓国で一〇〇〇万人を動員する大ヒットとなり、日本でも公開されたのでご存じの方もいるでしょう。巨大な魚が次々に人を襲い、街をパニックに陥れるというSFタッチの映画ですが、それはソウルの人たちにとっては半分現実だったのです。

元米軍人の告発で、基地内での枯れ葉剤埋めたて事件が発覚しました

またこんな別の事件もありました。二〇一一年五月一六日のことです。在韓米軍での勤務経験のあるスチーブ・ハウスという元軍人が、アメリカのアリゾナ州フェニックスの地域放送、CBS5の番組で、重要な証言をしました。

彼が在韓米軍、米八軍八〇二工兵D中隊の上等兵として勤務していた一九七八年、慶尚《キョンサン》北《プク》道《ド》漆谷《チルゴク》郡に位置する米軍基地「キャンプ・キャロル」内の敷地に、枯れ葉剤のドラム缶

を二五〇個埋めたと証言したのです。

枯れ葉剤はベトナム戦争で広く使用され、深刻な健康被害を生み出した化学薬品です。この証言は韓国にも伝えられ、大問題に発展しました。

韓国政府は、米軍基地の周辺地域に対する調査を実施すると発表し、在韓米軍側も、韓国側と共同調査を決めました。この証言を裏づける決定的な証拠は見つかりませんでしたが、基地内汚染の問題があらためてクローズアップされたのです。

同じように沖縄でも、枯れ葉剤をめぐる問題が起きています。米軍基地返還跡地の沖縄市のサッカー場から、有害物質をふくむドラム缶が発見され、二〇一五年に沖縄防衛局が成分を調査したところ、環境基準値の六三〇倍ものダイオキシン類や、枯れ葉剤の主要成分が検出されたのです。

一方、かつて沖縄に勤務した退役米軍人二人が、枯れ葉剤との接触を疑われる作業で重大な病を患ったとして、米退役軍人省が二人への補償に応じることを決めたと報じられています。（『星条旗新聞』二〇一七年二月五日）

二〇〇五年には、それまで五四年間使われていた梅香里《メヒャンリ》の米軍の演習場（射爆場）も返還されました

京畿道《キョンギド》の華城《ファソン》市にある梅香里の射爆場は、韓国国民にとって反米感情をかきたてる象徴的な場所でした。**この地域は一九五一年から二〇〇五年までの実に五四年間、在韓米空軍の射撃および爆撃訓練場として利用されていたのです。**

米軍の空軍機による機銃射撃と爆弾投下訓練が、連日行われていました。激しい爆撃音で多くの住民が難聴に苦しめられました。

韓国の通信社である聯合ニュースによれば、騒音によるストレスで住民の気持ちが荒れ、一九九九年まで梅香里地区だけで三二人が自殺したといいます。騒音のレベルは八〇〜一五〇デシベルもあり、これは地下鉄構内か、航空機のエンジンのすぐ前に立っているのと同じレベルです。しかも射撃と爆弾の音ですから、なおさら耐えがたかったに違いありません。

一九九九年には農家の畑に、二〇キログラムを超えるロケットの砲弾が落ちる事故も起きています。

梅香里は、米軍基地の被害の典型として、日本でも広く知られることになりました。住民たちが集団訴訟を起こして勝訴し、二〇〇五年八月一一日に射撃訓練が中断されました。それから九日後の八月二〇日には、射撃場が閉鎖され、管理権が米軍から韓国に返還されています。

これまで干潟などから回収された三万発あまりの砲弾のかけらは、「梅香里　平和の村」という施設に展示されています。どれもすっかりさびついていますが、ここが危険な軍事施設だったことを思いおこさせます。周辺は生態公園として再開発されます。

二〇〇二年、米軍の装甲車による女子中学生轢殺《れきさつ》事件で、市民の怒りが爆発しました

道路ぎわに横たわった二人の少女の写真。韓国で、この写真を知らない人はいません。この二〇〇二年六月一三日にソウル近郊の楊州《ヤンジュ》市で起きた米軍の装甲車による女子中学生・轢殺事件は、全国的な反米軍基地運動を生みました。

女子中学生二人は、米軍の装甲車により、公道でひき殺されたのです。装甲車はソウル郊外の議政府《ウィジョンブ》市にある在韓米軍基地に帰る途中でした。

この女子中学生の轢殺事件については、当初メディアは記事にせず、事故写真がインターネット上に出まわったことによって、多くの人が事件について知るようになりました。

事件後の六月一九日、米軍は韓米合同調査結果を発表しました。それによると、装甲車の構造上右側に死角があり、さらに当時通信障害もあったため、操縦手には生徒の存在が伝わらなかったというのです。故意ではなく、事故だったという説明でした。

しかし、世論の反発が激しくなったため、米軍側は七月三日、操縦手と管制官を過失致死罪で米軍事法院に起訴する一方、在韓米軍トップのラポート在韓米軍司令官が謝罪しました。

その後、米軍内で軍事法廷が開かれましたが、起訴された兵士二人には一一月二〇日、無罪評決

女子中学生轢殺事件に抗議し、２人の遺影を掲げて米韓地位協定の見直しを求める市民たち（ソウル新聞提供）

が言い渡されました。そして一週間後、二人は謝罪声明を発表して韓国から出国しました。

「悲惨な被害者がいるのに、加害者はいない」

この矛盾に満ちた事件により、米軍を糾弾《きゅうだん》する世論が全国に広がり、多くの市民団体が反基地デモを行いました。

追いこまれたアメリカ政府は、一二月一三日にブッシュ大統領が金大中大統領と電話で会談し、遺憾の意を示して、不平等条約として根強い批判のあった在韓米軍地位協定（SOFA）を見なおすことにも合意しています。

日本でも一九九五年九月、沖縄本島北部で商店街へ買い物に行った女子小学生が、待ち伏せしていた三人の米海兵隊員にレイプされる事件が起きています。集団で拉致したうえに、レンタカーでビーチへ連れ去ったあとの犯行で、沖縄県民の怒りが爆発しました。

こうした日本と韓国の例には、幼い子どもが犠牲になったという共通項があります。軍隊が町中に存在し、兵士たちが基地外で普通の生活を行うことがはたして適切なのか、考えなくてはならない重大な問題でしょう。

多くの問題をはらみながら、長年外国軍に支配されてきた首都ソウルの土地が、ついに韓国の国民に返還されることになりました

龍山基地の移転は、主力の米第八軍司令部が二〇一七年七月に移転を完了しましたが、全体的には遅れ気味であり、さらに保守派の反対で、龍山基地に残る部分が徐々にふえています。全体の一〇%ほどが残るとの報道もあります。

それでも、**これだけ長い間居座ってきた米軍に対して、韓国政府は粘り強く、対等な立場で移転を進めてきました。**

龍山基地の跡地には日本の六本木ヒルズをモデルにした五〇階建て高層ビルを八棟建てる計画だそうです。この跡地から近い梨泰院《イテウォン》の国連軍司令部跡地にも二〇階建てビルを複数棟を建て、新たな観光地として民間活力を生かしながら開発を進める計画です。

こうしてさまざまな問題をはらみながらではありますが、ようやく、長年外国軍に支配されてきた首都ソウル中心部の広大な土地が、韓国の国民の手に、返還、開放されることになったのです。

龍山基地移設の歩み

13世紀（高麗時代末期）	朝鮮半島に侵入したモンゴル軍が、龍山を兵站基地として利用
16世紀	豊臣秀吉の朝鮮出兵で加藤清正や小西行長の軍が龍山地域に一時駐屯
1882. 7	壬午軍乱で、清軍3000人が駐屯
1904. 2	日本と韓国が日韓議定書締結 龍山周辺の土地を買収
1908	龍山基地内の施設ほぼ完成
1910. 8	日韓併合 日本統治開始
1945. 8	第２次大戦終了 米軍が旧日本軍の龍山基地の用地を接収
1950.6~1953.7	朝鮮戦争
1957. 7	朝鮮国連軍の司令部が東京から龍山基地に移転
1987	盧泰愚大統領候補が龍山基地移転を選挙公約
1990. 6	米韓両国が龍山基地の平澤移転に基本合意
1993. 6	基地移転費用問題で、龍山基地の移転が白紙に
2000. 2	米第８軍が死体防腐処理用の溶液を浄化処理せず漢江に放流
2003. 5	米韓首脳会談で龍山基地の早期移転で合意
2004. 8	米韓が龍山基地移転協定および移転合意書に仮署名
2006. 7	韓国国防省が駐韓米軍基地移転事業団創設
2007. 7	龍山公園造成特別法制定
2007.11	平澤基地移転事業起工式
2014.10	第46次米韓安保協議会（SCM）で、米韓連合司令部の龍山基地残留決定
2017. 3	平澤で米第８軍司令部庁舎竣工
2017. 7	同、米８第軍司令部庁舎開館

第2章
北朝鮮と核ミサイル危機
1962〜2017年

アメリカは、朝鮮戦争をふくめ、朝鮮半島で過去に何回も核兵器の使用を検討していました。北朝鮮は体制の生き残りのためには核が必要だと確信するようになります。核がもたらした不毛の対決です。

2016年６月、北朝鮮がムスダンとみられる弾道ミサイルを発射（朝鮮中央通信＝共同）

北のミサイル発射で「空襲警報」 住民は戸惑いや違和感も

乾いたサイレンの音が、早朝の北海道の町に鳴り響きました。携帯電話にも緊急速報が届きました。速報には「ミサイル通過。ミサイル通過。この地域にミサイルが通過した模様です。屋外にいる場合は、近くの頑丈な建物や地下に避難してください」と書かれていました。

これは日本政府が二〇一七年の八月二九日の早朝、東北や北海道の市町村に発信した「Jアラート」（全国瞬時警報システム）でした。翌九月の一五日にもミサイルが通過し、「Jアラート」が稼働しました。

年配の人たちは、突然の警報に、戦時中の空襲警報を思い出したでしょう。しかし、なにか行動したくても防空壕があるわけでもなく、地方の町には身を隠す地下室などもありません。「地下室を探すため、わざわざ外に出た」という、笑えないようなことが実際に起きました。

「Jアラート」は、一連の有事立法のひとつとして二〇〇四年に施行された「国民保護法」（武力攻撃事態等における国民の保護のための措置に関する法律）にもとづくシステムです。総務省の管轄下にある消防庁が、内閣官房の伝達を受け発信する仕組みになっています。

もちろん今回の件で責められるのは北朝鮮です。日本に向けて発射するとは言語道断の危険な行為です。しかし、ミサイルが飛んだのは高度五五〇キロという日本のはるか上空なのです。

ミサイルは領空のはるか上、宇宙空間を飛んで行きました

「北朝鮮の弾道ミサイルがわが国の上空を通過した模様だ」「国民の生命をしっかり守っていくために、万全を期す」（安倍首相）といきり立つのもわかりますが、**実は「日本の上空」というよりも、宇宙空間と表現したほうが正しいのです。**

国の主権が及ぶ「領空」に関する明確な決まりはありませんが、米空軍は「八〇キロ以上は宇宙」と定義しています。国際航空連盟も「一〇〇キロ以上は宇宙」としており、およそ地上から一〇〇キロが領空というのが共通の認識です。この空域内に他国の戦闘機

が無断侵入した場合には、撃墜も可能となります。

さらに、着弾地点についても襟裳岬《えりもみさき》の東約一一八〇キロですから、実は日本の領海からはるかに離れています。ちなみに、領海とは一二海里（約二二・二キロ）をいいます。

安倍首相は同じ二九日の朝、記者団に対して、「政府としては発射直後から、ミサイルの動きを完全に把握している」と情報把握が完璧だったと誇ってみせましたが、空襲警報もどきの緊急アラートは北海道、青森、岩手、宮城、秋田、山形、福島、茨城、栃木、群馬、新潟、長野の一二道県に及び、一部の電車もとまり、日本列島はパニック寸前でした。

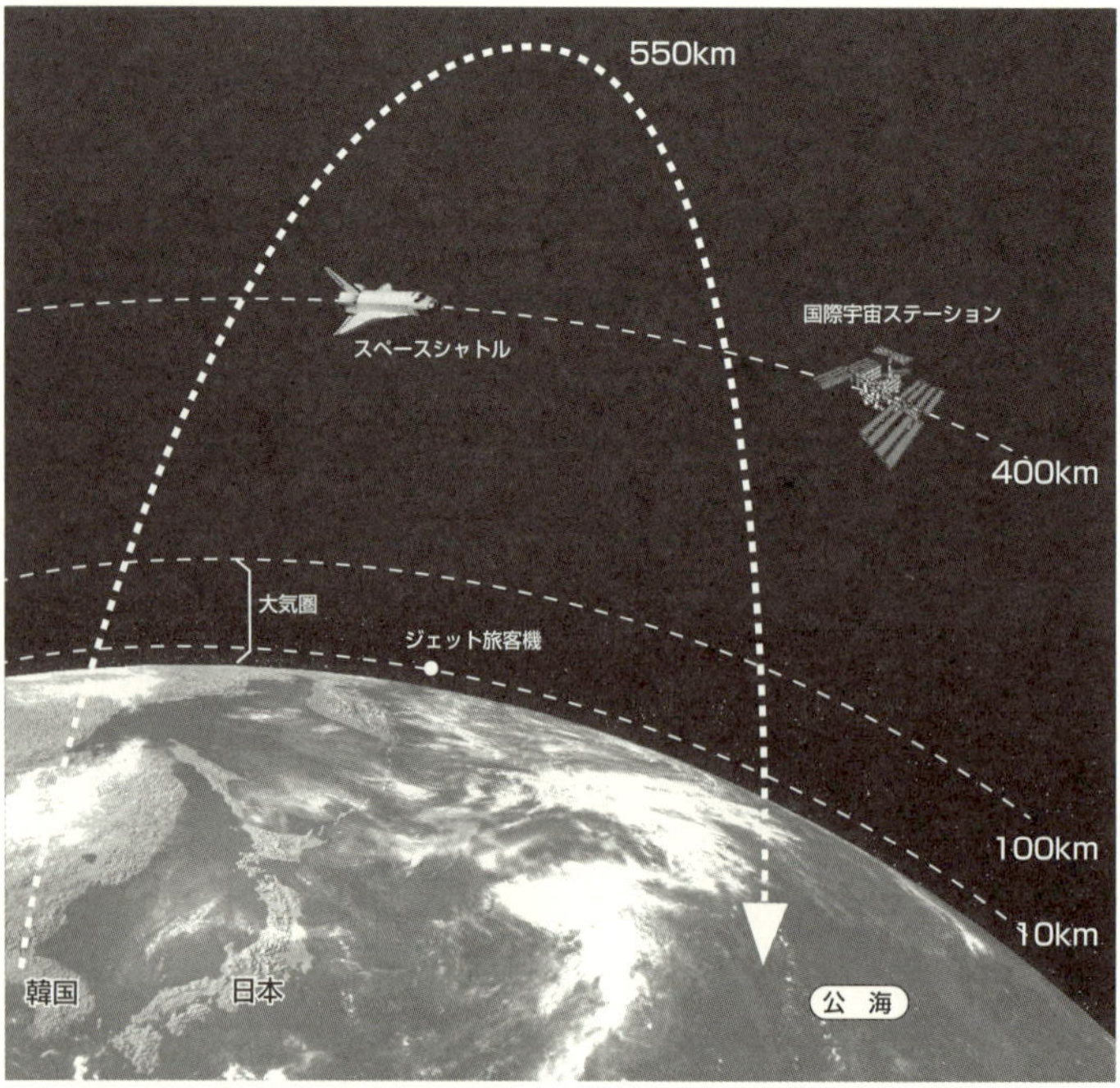

2017年8月29日に北朝鮮が打ち上げた弾道ミサイルの軌道イメージ。ミサイルは日本の「上空」というより宇宙空間を飛行し、着弾したことがわかる。

そのミサイル発射の翌月である九月三日には、北朝鮮の核実験場で大きな人工の揺れが確認され、北朝鮮は「水爆実験に成功した」と発表しました。六回目の核実験でした。

過去の実験にくらべ規模が大きく、日本政府は、爆発規模の推定値を約一六〇キロトン（TNT火薬換算）と見積もり、「水爆実験であった可能性も否定できない。広島に落とされた原爆の十倍となる」（小野寺五典《おのでらいつのり》防衛相）としています。アメリカが広島に投下した原爆は一六キロトン、長崎は二一キロトンでした。

安倍首相は「水爆実験」の後、連日、各国の首脳と電話会談し、北朝鮮への圧力強化をよびかけました。平和を求めるはずの日本が、問題の平和解決どころか、ミサイル発射を徹底的に活用し、結果的にみて、日本の防衛力を一方的に強化し、朝鮮半島をめぐる危機拡大に一役買っているのではないか、と心配するのは、私だけではないはずです。

アメリカ政府の最大の関心事は中国から北朝鮮に移ってきました

私は二〇一七年の夏、北朝鮮問題の専門家で、三〇年以上アメリカの国務省に勤務して朝鮮部長もつとめたデービット・ストラウブさんと、ソウルで会う機会がありました。彼は少し戸惑ったような表情で、私にこう話してくれました。

「これまでアメリカ人で北朝鮮に関心をもっている人はほとんどいなかった。そもそもどこにあるかも知らないし、日本と韓国、北朝鮮の区別のつかない人もたくさんいた。しかし、いまは朝から晩までメディアが、北朝鮮の問題をとりあげているのです」

これはけっして彼の誇張ではありません。ＣＮＮなどのニュース専門チャンネルだけでなく、一般のテレビや新聞も、北朝鮮や金《キム》正恩《ジョンウン》党委員長の動静を大きく伝え、軍事アナリストが北朝鮮の兵器について解説しています。そしてなによりトランプ大統領自身が、毎日のように自分のツイッターで北朝鮮について言及しています。そうしたことは、たしかに過去にはありませんでした。

状況が大きくかわったわけは、北朝鮮が大陸間弾道ミサイル（ＩＣＢＭ）の開発に成功し、

「アメリカ本土を攻撃する」

と宣言するようになったからです。とくに二〇一七年七月二八日夜に北朝鮮が行ったＩＣＢＭ発射実験は、アメリカ政府に大きな衝撃をあたえました。このＩＣＢＭの飛行時間は約四五分で、七月四日に発射されたものより射程が伸びたことが確認されました。そして専門家が分析した結果、北朝鮮のミサイルが、すでにアメリカ本土の大半に到達可能で

金正恩（1984-）　朝鮮民主主義人民共和国・第3代最高指導者（共同通信提供）

あることが確認されたというのです。（ロイター通信など）

北朝鮮は発射の翌二九日、わが国はICBMの発射実験に成功したと発表し、「アメリカ本土全域が射程圏内に入った」と宣言しました。北朝鮮とアメリカは一万キロも離れていますが、北朝鮮の脅威が現実のものとなってきたのです。

これまでアメリカにとって最大の関心は、台頭する中国の軍事的、経済的な脅威でした。それは基本的に現在も同じですが、加えて北朝鮮問題が、安全保障上の重要問題として急浮上してきたのです。

北朝鮮はアメリカに警告するため、グアムを攻撃すると発表しました

七月二八日の発射のあと、北朝鮮の戦略軍は八月一〇日、朝鮮中央放送を通じ、中距離弾道ミサイル「火星12」を使ってアメリカ領グアムの主要軍事基地に向けた攻撃を検討し、「アメリカに厳重な警告のメッセージを送るため、『火星12』四発を同時発射する」

と表明しました。そしてミサイルは、

「島根県、広島県、高知県の上空を通過し、グアム島と周辺三〇～四〇キロの海上に着弾する。計画は八月中旬までに完成する」

と具体的な数字や地名をあげて威嚇したのです。金正恩と軍の幹部が、この作戦を検討している場面の写真も公開しました。

北朝鮮をめぐる危機的な状況が高まり、世界の株式市場はいっせいに値を下げ、リスクに強いとされる円が買われました。一方、日本でも、ミサイルが通過するという予告があった島根県などを中心に、各地では大がかりな避難訓練が行われました。

韓国のソウルでも、「防空退避訓練」が行われ、市民たちが訓練で鳴らされた空襲警報にあわせて地下鉄の駅や、建物の地下に一時退避しました。北朝鮮からの威嚇には慣れっこになっている韓国でも避難訓練が行われたことをみても、北朝鮮のグアム攻撃宣言がどれだけ深刻に受けとめられたかわかります。

そんななか、韓米の合同軍事演習「乙支《ウルチ》フリーダムガーディアン」（ＵＦＧ）が、八月二一日から始まりました。これは朝鮮半島で武力衝突が起きた際の、増援戦力や戦略武器展開などについてコンピュータを使ってシュミレーションするもので、毎年行われています。

韓国防衛を担当する米軍の首脳三人が訪韓し、異例の記者会見を開きました

この演習には計六万七七五〇〇人（韓国軍五万と米軍一万七五〇〇人）が参加しました。朝鮮労働党の機関紙『労働新聞』は演習開始直前の二〇日、「合同軍事演習はわれわれに対する敵対意思のもっとも露骨な表現だ」と反発。「火に油を注ぐように情勢をさらに悪化させるだろう」と警告しました。

一方、アメリカ側は演習にあわせて、ハリス米太平洋軍司令官、ジョン・ハイトン戦略司令官、米ミサイル防衛局（ＭＤＡ）のグリブス局長という韓国の防衛を担当する軍の最高責任者三人が、演習参観のためとして「異例の同時訪韓」（韓国紙）をして、京《キョン》畿《ギ》道《ド》烏《オ》山《サン》にある米軍基地内で記者会見を開きました。

烏山基地で記者会見するハリス米太平洋軍司令官（右から３人目）ら（ソウル新聞提供）

太平洋軍司令部は在韓米軍を直接指揮します。戦略司令部は空軍所属の戦略爆撃機と大陸間弾道ミサイル、原子力潜水艦などアメリカの核戦力を担当する部署です。ミサイル防衛局は国防総省のなかにあって、その名前のとおりミサイル防衛（ＭＤ）システムを管轄しています。

軍服姿の三人の後ろには、北朝鮮のミサイルを迎撃できるパトリオットミサイルの発射台二基が並んでいました。ハリス太平洋司令官は、

「〔**北朝鮮の挑発を抑制するために**〕**外交的な手段がより強力で効果的なやり方だと考える。軍事は外交を後押しする必要がある**」

と控えめに語りましたが、北朝鮮の挑発的な行動には断固として対応するという姿勢をにじませていました。

トランプ大統領は八月二二日、

「彼〔金正恩〕がわれわれを尊重しはじめている」

「恐らくなにかよいことが起こるだろう」

と、楽観的な見通しを語りました。ツイッターで北朝鮮と戦争を起こすかのような発言をくり返し、自分で緊張を煽っておきながら、いまさらなにを根拠にしているのかわかりませんが、危うい状況は解消されていません。

金正恩は「アメリカの行動をもう少し見守る」とのべ、すぐには発射に踏み切らない姿勢をみせましたが、二六日に突然、日本海に向けて三発のミサイルを発射しました。

アメリカは朝鮮戦争後、朝鮮半島で何回も戦争を起こそうとしていました

二〇一七年は核やミサイル開発をめぐり、米朝間の対立が激しくなりました。そして、アメリカが北朝鮮の核施設などを先制攻撃し、戦争に発展するのではないかという懸念が高まりました。新聞の一面には連日、北朝鮮とアメリカの動きが伝えられました。

北朝鮮の公式メディアが、日本も攻撃対象だと伝えたため、日本政府は北朝鮮のミサイルが日本に飛んできた場合、どう対処するか、テレビなどを通じて知らせました。

しかし、このときも結果的にはなにも起きませんでした。国が不測の事態に備えることは必要でしょうが、長年、朝鮮半島の問題を報道してきた私は、「アメリカの先制攻撃などは、危険すぎてありえない」「日本政府の対応やテレビの報道は騒ぎすぎだ」と考えていました。

たしかに朝鮮戦争が休戦となった一九五三年のあとも、米朝間で戦争直前まで行ったケ

ースがありましたが、北朝鮮が核やミサイルをもっておらず、アメリカの戦力が圧倒的だった時代のことです。しかしいま、アメリカが北朝鮮に先制攻撃を行った場合、核兵器をふくめた北朝鮮の猛反撃が予想され、莫大な人命被害が懸念されるからです。

さらにはそのとき、日本もその動きに深く関与し、被害を受ける危険性があったのです。アメリカは、朝鮮半島をめぐる問題でどうしてそれほど簡単に戦争を起こすことを考えるのか。それはアメリカ本土と朝鮮半島が遠く離れていることもありますが、もうひとつ、第一章で説明したように、「朝鮮国連軍」という戦争を起こすのに便利な「仕掛け」があるからです。

一九六二年に起きたキューバのミサイル危機は、北朝鮮を刺激し、第二次朝鮮戦争を招く恐れがありました

過去に起きた朝鮮半島での危機の、主なものをあげてみましょう。

最初は、一九六二年一〇月に起きたキューバを舞台にしたミサイル危機です。

これは当時アメリカと敵対関係にあったキューバに、ソ連のミサイルが配備されたことが引き金になって起こりました。キューバは朝鮮半島からみると、はるかに離れた地球の

反対側にある国ですが、当時の米ソの対立は、日本や朝鮮半島も巻きこみ、世界全面核戦争の危険をはらんでいたのです。

キューバとアメリカ本土のあいだは、たった一五〇キロほどしか離れていません。日本でいえば、東京と伊豆大島くらいの距離です。

そのキューバで一九五九年にカストロの指導による革命が起き、社会主義国家が建設されました。そしてソ連の指導者であるフルシチョフがキューバに数カ所の軍事基地を建設し、一六〇〇キロの射程をもつ中距離弾道ミサイルを少なくとも一六基配備しました。それをアメリカ空軍の偵察機が確認したのが、一九六二年一〇月一六日のことだったのです（『一三日間　キューバ危機回顧録』ロバート・ケネディ著、中公文庫）。

キューバ危機。ソ連の貨物船の上空を偵察飛行する米軍の対潜哨戒機（アメリカ海軍ホームページ）

ミサイルはアメリカの複数の都市に向けられており、核弾頭の搭載も可能でした。ソ連は、アメリカに対して軍事的に優位に立つことをねらい、キューバでの基地建設を進めていました。

核兵器によるアメリカ本土攻撃の危機を感じたケネディ大統領は、キューバの基地への奇襲攻撃も検討しましたが、結局、キューバの周囲を海上封鎖すると宣言しました。

ソ連はすでにミサイル基地建設に使われる機材と武器を積んだ艦船を、キューバに向かわせていました。ソ連がアメリカの海上封鎖を強引に突破すれば、両国の衝突はさけられず、核戦争に発展する可能性もありました。

世界中が固唾《かたず》をのんで見まもるなか、フルシチョフは、アメリカがキューバに侵攻しないと約束するならミサイルを引きあげるとアメリカ側に伝え、ぎりぎりで危機は回避されたのでした。このとき韓国では、万が一、米ソ間で戦争が起きた場合、北朝鮮が国際社会の混乱に乗じて、ふたたび韓国に侵攻してくると懸念する声が多くあがりました。

沖縄の米軍基地から、核ミサイルが発射されかけたこともありました

朝鮮半島だけでなく、日本もキューバ危機に直接巻きこまれる危険性があったことが、最近になってわかりました。二〇一五年、当時沖縄の基地に勤務していた兵士の証言から明らかになったものです。日本の共同通信などが報じました。

在日米軍は一九六一年、沖縄の読谷村《よみたんそん》に、極秘裏に核弾頭を装備した大陸間弾道ミサイルの発射基地を設置しました。日本政府は戦後「核兵器をもたず、つくらず、もちこませず」という非核三原則を堅持してきたと国民に説明しています。

しかし、沖縄は戦後アメリカ政府の管理下におかれていました。一九四五年、米軍が沖縄での戦闘で勝利し、沖縄を占領してから、一九七二年の沖縄返還までのあいだは、自由に核兵器をもちこんでいました。

キューバ危機の最中である一九六二年一〇月二八日、軍上層部の指示により、読谷核ミサイル基地に対して、ソ連に向けたメースBとよばれる核ミサイル四基の発射命令がくだされました。読谷基地には、核弾頭を装備したミサイルが配置されていました。

もしこのとき本当に核ミサイルが発射されていたら、沖縄は報復攻撃にあっていたかもしれません

基地の当直士官は、このミサイル発射命令について「まちがいだ」と確信し、命令を無視しました。そのため、幸いにも読谷基地から核ミサイルが発射されることはなかったのです。

もしこのとき発射ボタンが押されていたら、沖縄はソ連から、報復として核攻撃にあっていたでしょう。

また、米軍統治下の一九五九年六月には、米軍那覇サイト（現・那覇空港）で核ミサイル「ナイキ・ハーキュリーズ」が誤って発射され、米兵一人が死亡する事故が起きていました。このミサイルには核弾頭が搭載されていました。核弾頭が爆発していれば、大きな被害が出ていたとみられます（二〇一七年九月一〇日、「NHKスペシャル　沖縄と核」）。

沖縄が日本に返還（一九七二年五月一五日）された後も、アメリカは日本政府とのあいだで「状況によっては沖縄に核を再もちこみできる」とする密約を結んでいました。当時の関

係者が証言しているほか、佐藤栄作首相とニクソン米大統領の署名入り秘密合意議事録（一九六九年一一月二一日付）も、アメリカの公文書館で見つかっています。けれども日本の外務省は、この密約が明らかになったあとも、みずから調査を行った結果、「密約とまでは言えない」という不可思議な結論を出しています。*註

現在では潜水艦から発射する弾道ミサイル（ＳＬＢＭ）の技術が進歩したため、あえて沖縄に核をもちこむ必要はありません。しかし米ソ冷戦が終結する一九八〇年代末までは、米軍は非常事態のさいに、沖縄を核基地として活用することを想定していたのです。

＊註　外務省はその理由を、日本政府内でこの合意についての引きつぎがなく、佐藤内閣以後の内閣に対しては拘束力がないからだと説明しています。

次の危機は、アメリカの情報収集艦を北朝鮮が拿捕《だほ》した一九六八年の「プエブロ号事件」でした。このときは、北朝鮮への核攻撃も検討されました

次の危機は、一九六八年一月二三日に起きたアメリカ海軍の情報船プエブロ号事件でした。北朝鮮の元山《ウォンサン》港沖で北朝鮮の無線やレーダー情報を収集していたプエブロ号が、朝鮮

人民軍の艦艇から攻撃を受け、拿捕された事件です。アメリカの情報収集船が他国によって拿捕されたのは、これが初めてのケースでした。

この船は日本の佐世保港から出港しており、横浜にあった「上瀬谷通信施設」と交信し、情報を伝えていました。日本を活動拠点とする情報船だったのです。

拿捕の過程で、乗組員一人が死亡、残り八二人が拘束され、北朝鮮当局から拷問をふくむ苛酷な取調べを受けました。この船の中にあった多くの秘密資料も奪われました。

アメリカは、北朝鮮の対応を「無謀な侵略的行動」（ジョンソン大統領）と批判し、約一万五〇〇〇人もの予備兵を緊急招集しました。そして巡洋艦三隻と、原子力空母エンタープライズをふくむ三隻の空母を朝鮮半島近海に派遣しました。エンタ

アメリカ海軍の情報収集船プエブロ号（アメリカ海軍）

ープライズは原子力空母として佐世保港に寄港していましたが、ベトナムに向かう任務を中断して緊急出港したのです。

また、日本の米軍基地に配備されていた戦闘機にも出撃準備が出されました。

この対応は、一九六二年のキューバ危機以来、アメリカがとった最大規模の軍事行動とされています。北朝鮮側もミグ戦闘機をスクランブル発進させたほか、ソ連も日本海に艦船を送り、緊張が高まりました。

当時、ベトナム戦争における重い負担にあえいでいたアメリカは、軍事的な攻撃を選択せず、北朝鮮に謝罪し、乗組員の解放が実現しました

この事件で金日成は、アメリカからの攻撃を恐れていたことがわかっています。軍事同盟関係にあったソ連に対し、「アメリカの攻撃があったときは、支援を期待する」と手紙を書いていたのです。（二〇〇六年、NHKスペシャル　ドキュメント北朝鮮第一集「個人崇拝への道」）

一方、韓国の朴正熙《パクチョンヒ》大統領は、この事件の直後にアメリカ側に書簡を送り、北朝鮮への武力報復を要請しました。当時のジョンソン米大統領は、「考慮しなければならない点がある」として、態度をはっきり示しませんでした。（二〇〇一年一月一〇日付　韓国紙『東亜日報』）

しかし、その後機密解除された一九六八年五月の米軍文書によると、**ジョンソン政権はこのときB－52爆撃機などによる北朝鮮空軍施設の壊滅作戦や、朝鮮人民軍への核爆弾攻撃も検討していたことがわかっています。**それは「フリーダム・ドロップ」という名の作戦で、米軍戦闘機が北朝鮮軍を相手に、最高七〇キロトンの核爆弾を投下するという内容のものでした。これは広島に投下された原爆の四倍の規模に相当します。

しかし、アメリカにはベトナム戦争（一九六〇年～七五年）に介入した負担が重くのしかかっており、北朝鮮への軍事作戦を行う余裕はありませんでした。このため北朝鮮との外交交渉に乗り出し、一九六八年一二月二三日、アメリカ側が公式に「北朝鮮の領海に侵入した」との謝罪文に署名することにより、乗組員は一一カ月ぶりに解放されました。

プエブロ号は、いまも平壌に流れる大同江《デトンガン》に係留されており、観光客が案内される名所となっています。

翌一九六九年には米軍の偵察機（EC－121）の撃墜事件が起きています。このときは北朝鮮の戦闘機に撃墜され、米兵ら三一人が、全員死亡しました。これは北朝鮮やロシアの沿海州《えんかいしゅう》の電子情報偵察を任務としていた偵察機で、神奈川県厚木基地から飛び立っていました。

斧で米兵が殺害された一九七六年の「ポプラ伐採事件」も、一触即発の事態に発展しました

一九七六年八月一八日に起きた「ポプラ伐採事件」も、アメリカと北朝鮮の激しい対立を招きました。

この日、アメリカ人兵士が非武装地帯内に設けられた共同警備区域内にあったポプラの木の枝を切ろうとしました。葉が茂ると北朝鮮側の動きが見にくくなるので、枝打ちをすることになったのです。

枝打ち作業については、事前に米韓北の関係三カ国間で合意していました。ところが当日、米軍の将校が実際に斧を使ってポプラの木の枝を切ろうとしたところ、これに反発した北朝鮮軍の兵士が斧を取りあげてもみあいになりました。北朝鮮軍兵士は米軍将校二人をその斧で殺害、他の米軍兵士と、韓国軍兵士数人にも重傷を負わせたのです。

アメリカは自国の兵士が殺害されたことを重視しました。報復攻撃も視野に入れ、核兵器搭載可能なB－52戦略爆撃機をグアム基地から韓国に派遣し、空母ミッドウェーも動員しました。

プエブロ号事件とは逆に、このときは北朝鮮の人民武力部長（国防相）が謝罪し、なんとか事なきを得ました。

米軍の核兵器撤去の効果で、南北関係が一気に改善されたこともありました

アメリカの韓国に関する防衛政策の大きな転換は、ブッシュ（父）政権時代に起きています。それは戦術核兵器（戦術核*註）の韓国からの撤去でした。

朝鮮戦争の休戦協定が結ばれてから四年後の一九五七年、米軍は戦術核兵器を韓国にもちこみ、それから一九九〇年初頭まで、一〇〇〇発を超える核兵器が韓国に実戦配備されていました。この事実は北朝鮮を刺激し、核兵器開発に拍車をかける一因にもなりました。その数はブッシュ（父）政権の発足時には一〇〇発程度に減っていましたが、一九九一年九月二七日にブッシュ大統領は、全世界にある米軍基地から、地上と海上に配備された戦術核をすべて引きあげると宣言したのです。

さらに、韓国に配備されていた航空機搭載の戦術核も撤去することを決め、韓国内の米軍基地について北朝鮮に査察を認めるとも発表しました。

この動きを受けて、「はじめに」でも触れたように、南北関係が急激に好転したのです。一九九一年一〇月〜一一月にかけての南北の高位級会談を通じ、「南北間の和解と不可侵、および交流協力に関する合意書」（南北基本合意書）がその年の一二月一三日に発表されました。

これは、南北統一の原則を確認した「南北共同声明」（一九七二年七月四日）以来の、南北関係にとって非常に重要な進展となりました。

この合意書により南北は、

「双方の関係が、〔通常の〕国と国との関係ではなく、統一をめざす過程で暫定的に形成される特殊な関係である」

ことを認め、双方は、

「相手の体制を認め、尊重し、他方の内部問題に干渉せず、誹謗《ひぼう》や中傷をせず、破壊転覆活動を行わない」

ことを申しあわせました。

＊註　戦術核と戦略核　「戦術核」は射程が五〇〇キロ以下の核ミサイルや核爆弾などの総称です。「戦略核」は射程の長い大陸間弾道ミサイル（ＩＣＢＭ）や潜水艦発射弾道ミサイル（ＳＬＢＭ）、戦略爆撃機など核兵器を指します。米ロ間で協議されたＳＴＡＲＴは戦略兵器の核弾頭数を削減するものでした。

南北による「非核化に関する共同宣言」も発表されました

アメリカが韓国から核兵器を撤去したことを受け、この年の一二月一八日には、盧泰愚《ノテウ》大統領が、

「私が皆様にお話ししているこのとき、わが国のどこにも、たったひとつの核兵器も存在しません」

と明言しています。こうしてさらに急テンポで緊張緩和の動きが進みはじめました。

韓国と北朝鮮は一九九一年一二月三一日、板門店《パンムンジョム》で開かれた南北間の会議で、核兵器の製造・保有・使用の禁止、核燃料再処理施設・ウラン濃縮施設の非保有、非核化検証のための南北相互核査察の実施などを盛りこんだ「朝鮮半島の非核化に関する共同宣言」に合意しています。

もともと北朝鮮は、ひそかに核開発を行っているのではないかとの疑惑をもたれていましたが、国際社会からの核査察の要求をがんとしてはねつけていました。その理由のひとつは、韓国内におけるアメリカの核兵器の存在でした。

しかし、結局はそれが撤去されたあとも北朝鮮は核開発をやめようとはせず、皮肉なことに問題は逆に、徐々に大きくなっていったのです。

一九九四年の核危機では、アメリカは韓国への十分な相談もなく、北朝鮮への先制攻撃を真剣に検討していました

一九九一年の非核化共同宣言を南北が守っていれば、いまごろ朝鮮半島は平和だったでしょうが、北朝鮮は核開発をあきらめていませんでした。それを知ったアメリカは、北朝鮮に核放棄を迫り、対立が激化しました。とくにクリントン政権は一九九四年に、核兵器開発をやめさせるため北朝鮮の核施設への先制攻撃を、真剣に検討しています。

ところがこの年の六月中旬、**米軍の統合参謀本部が朝鮮半島で全面戦争が起きた場合の被害を計算したところ、総死者数は一〇〇万人に上り、うちアメリカ人も八万人から一〇万人が死亡するという結果が出ました。**また、アメリカが戦闘継続のために負担する費用は一千億ドルを超えるという試算結果も出ました。さらに戦争当事国や近隣諸国での破壊や経済活動の中断による損害は、総額で一兆ドルを上まわるという、途方もない被害の見積もりが示されたのです（『二つのコリア』ドン・オーバードーファー著、共同通信社）。

在韓米軍の人数についても、北朝鮮攻撃のためには、当時韓国に駐屯していた三万七〇〇〇人を、少なくとも一万人ふやす必要がありました。

この増派で北朝鮮側がひるみ、戦争抑止につながるという期待もありましたが、米軍内には、「増派の動きを知ったとたん、北朝鮮が先に攻撃をしかけてくる」と懸念する声が強かったのです。また、韓国内に住んでいた八万人の在韓米軍の家族を、日本などに避難させる必要もありました。もし実際に避難が始まれば、「戦争が近づいている」として、韓国内がパニックに陥る可能性が指摘されていました。

こうした数々の危うい要素をはらみながらも攻撃計画は進められましたが、この計画を直前になってアメリカ側から伝えられた金泳三《キムヨンサム》韓国大統領が強く反対し、結局計画は中断されることになりました。

その後、カーター元大統領が訪朝し、米朝間で対話のムードが生まれたため、北朝鮮への先制攻撃は実行に移されませんでした。しかし、ここで重要なことは、アメリカが北朝鮮を先制攻撃するというきわめて重大な計画を、韓国との話しあい抜きで進めていたことです。これは今後も同じことが十分起こりえるでしょう。

アメリカ側は「攻撃は三日で終わる」と韓国側に説明していました

当時のアメリカ側の状況が、最近少しずつ明らかになってきました。たとえばクリントン政権の国防長官だったウィリアム・ペリーは、二〇一六年一一月に韓国で講演し、

「寧辺《ヨンビョン》にある核施設への先制攻撃作戦自体は、難しくないだろうと判断していた」

と語っています。ただ、

「北朝鮮の反撃によって、全面戦争となれば韓国が莫大な被害を受けるとの分析だった」

と回想しています。韓国の新聞が伝えた内容です。

一九九四年当時、大統領府で統一問題を担当する秘書官だった丁世鉉《チョンセヒョン》・元統一相が二〇一七年二月、韓国の『ハンギョレ新聞』に、クリントン政権から説明を受けた北朝鮮への先制攻撃計画の詳細について寄稿しています。

それによるとクリントン政権側は、

「〔北朝鮮の核施設が集中している〕寧辺核施設への先制攻撃は三日以内に終わる」

と伝えてきたそうです。短期決戦で被害を最小限に抑えるのがねらいだったのでしょう。

同時にアメリカ側は北朝鮮が、軍事休戦ラインの近くに配備した三〇〇〜五〇〇キロの短距離ミサイル（ノドン）をソウルに向け発射し、反撃してくるとも予測していました。**事態がエスカレートして全面戦争になった場合、南北ともに焦土となり、朝鮮戦争（一九五〇〜五三年）以上の被害が出る。さらに戦争終結後の復興には「三〇年間が必要で、三〇〇〇億ドル以上の復旧費がかかる**」と伝えられていたそうです。

考えただけで、恐ろしくなる話ではないでしょうか。

朝鮮戦争で米軍は、北朝鮮の戦車部隊をめがけてナパーム弾とよばれる高性能焼夷弾を大量に投下したため、朝鮮半島は荒れはててしまいました。一九九四年にアメリカによる北朝鮮への先制攻撃が行われた場合、それとは比較にならないほど大きな被害が出る恐れがあったのです。日本も「対岸の火事」ではすまされませんでした。直接の攻撃を受けなかった場合でも、大量の難民が押し寄せる可能性があるからです。

現在アメリカは、周辺国への被害を最小限に抑えるため、北朝鮮を先制攻撃するときでも、全面戦争にならないよう、核施設やミサイル基地を慎重に選んだ部分攻撃を考えているとしています。さらに米軍は、金正恩《キムジョンウン》党委員長の命をねらう「斬首《ざんしゅ》作戦」も準備しているとされますが、この計画の実行は危険が多すぎ、よほど状況が切迫していないかぎり、実現は難しいでしょう。

南北統一への努力はつづけられましたが、実を結びませんでした

朝鮮半島の緊張緩和や、南北統一に向けた努力は、本書の冒頭で書いた二〇〇〇年の南北首脳会談をはじめとして、これまでさまざまな形で行われてきました。南北が軍事的ににらみあっている状況は、お互いの経済発展の足かせになるだけでなく、予期しない衝突の危険性もあるからです。

金正恩党委員長がひきいる北朝鮮は、国際社会の批判を受けながら六回（うち金正恩時代に四回）も核実験をし、核を手放さないと言っています。こういった現状では、とても南北統一の希望などないと一般には思われそうですが、実は、決してそうではないのです。

朝鮮戦争の休戦を定めた「休戦協定」を、お互いが攻撃せずに平和に共存するという内容の「平和協定」に切りかえ、韓国で駐屯をつづける米軍を、南北が納得できる形で再編できれば、南北間の緊張は解ける可能性があります。実際に過去、米朝間でこの問題が話し合われたこともありますし、最近でもアメリカ政府内では、北朝鮮との平和協定の締結

を真剣に検討すべきだという意見が出ているそうです。

でもその前に、いったい朝鮮半島がどうして南北に分断されたままになっているのか、簡単に振り返っておきましょう。日本に住む私たちにとって、それは必ず知っておくべき重要な情報だと思うからです。

一九四三年のカイロ会談で南北の分割統治が決まり、さらに一九五〇年に起きた朝鮮戦争が分断を決定的にしました

一九四五年八月一五日に日本の植民地支配から解放された朝鮮半島は、その後、南北に分断されてしまいます。いったいなぜ、そしていつ、そんなことが起こってしまったのでしょうか。

まずは一九四三年一一月に行われた会談が重要です。アメリカ、イギリス、中国（当時は中華民国）の三首脳が、このときエジプトのカイロでの会談後、「カイロ宣言」を発表しました。そのなかで朝鮮について、

「三カ国は、朝鮮人民の奴隷状態に留意し、やがて朝鮮を自主独立のものとする」

という一節があったのです。

なぜ朝鮮の独立について、「やがて」などというあいまいな表現になったのでしょうか。

それは**アメリカが「朝鮮の人びとはまだ自分の国を統治する能力に欠ける」とみていたからでした。**このため、アメリカ大統領のルーズベルトは朝鮮の扱いについて、早期の独立よりも「国連信託方式」を提案しました。ソ連のスターリンもその案に同意し、一九四五年一二月に開かれた米英ソ三国外相会談（モスクワ）で確定したのでした。

これによって、アメリカとソ連がそれぞれ朝鮮半島の北と南を統治することになり、韓国、北朝鮮が建国されます。しかしその分断が決定的になったのは、皮

カイロ会談（1943年11月25日）における、左から蔣介石中国国民政府主席、ルーズベルトアメリカ大統領、チャーチルイギリス首相（アメリカ合衆国政府）

肉にも北朝鮮が南北統一をめざして開始した朝鮮戦争でした。約三年におよぶこの戦争の結果、南北は激しく対立することになり、その後もそれぞれの政治理念にもとづいて、別々の道を歩くことになりました。

北朝鮮が核開発を始めた意図は、自国の安全をはかるためでした

北朝鮮をめぐる危機の焦点は、一九九〇年代からは「核開発」と「その運搬手段である弾道ミサイルの発射実験」に絞られています。北朝鮮が一歩ずつ技術の進歩を誇示するなか、関係国は足並みがそろわず、十分な対応がとれないまま、ここまできてしまったのです。

北朝鮮はなぜ核に執念を燃やすのか。ロシアと北朝鮮の核技術協力について、ロシアの専門家がまとめた『北朝鮮の核プログラム　ロシアからみた安全、戦略、そして新しい展望』（ジェームズ・クレイ・モルツ他著、ロウトレッジ社）などをもとに、その歩みをまとめてみましょう。

最初に、北朝鮮の核開発の歴史は、実はとても長いのです。

驚いたことに、すでに一九五〇年代にはソ連の原子力研究所に留学生を送り、原子力の研究を進めていたのです。

一九五九年に、ソ連と北朝鮮は合意を交わし、首都平壌《ピョンヤン》からは八〇キロ、寧辺《ヨンビョン》という町からは八キロ離れた川沿いに原子力の研究施設をつくりました。このときソ連は技術者を北朝鮮に派遣し、研究用の黒鉛原子炉の建設も進めます。この原子炉の設計図はソ連側が書いたものでした。

ソ連は原子炉を供与する条件として、北朝鮮にＮＰＴ（核拡散防止条約）へ加盟するよう求め、北朝鮮は一九八五年に実際にＮＰＴに加盟しました。

ＮＰＴは一九六八年に調印され、七〇年に発効した核兵器の拡散を防止するための条約です。アメリカ、ソ連、イギリス、フランス、中国の五カ国を核保有国と認め、その他の国の核保有を認めず、非核国への核兵器の譲渡や技術開発援助を禁止しています。また平和利用の原子力が軍事転用されないように、国際原子力機関（ＩＡＥＡ）の監視を受けることも盛りこまれています。

北朝鮮は「ロシアが韓国と国交を結ぶのなら、われわれは核兵器を開発する」と宣言しました

北朝鮮の指導層が核兵器開発の意思を初めて公にしたのは、一九九〇年九月のことでした。

ソ連のシュワルナゼ外相が、同じ九月の末に韓国と国交を結ぶ予定であることを伝えたのですが、これを聞いた金永南《キムヨンナム》外相は、韓国との外交関係樹立を激しく非難しました。

「**それなら、われわれは核兵器を開発しないという義務から自由になる。クリル諸島（北方領土）をめぐる紛争でソ連と対立する日本を支持し、アメリカとも直接の外交関係を結ぶ**」

と、ソ連側の神経を逆なでする通告を行ったのでした（前出『北朝鮮の核プログラム』）。

北朝鮮と関係の深かった東側の国々が相次いで崩壊したことで、北朝鮮は深刻な危機感をもつようになり、核兵器がなければ自国の存続が危ういとさえ考えていました。

その理由としては、マッカーサーが朝鮮戦争当時、戦争終結のため二六発の核爆弾を使用する計画（『二つのコリア』）をたてるなど、核兵器の使用をくり返しちらつかせたことも

影響していたとみられています。

北朝鮮は一九九二年になってようやく、寧辺にある核施設に対するＩＡＥＡの査察を受けますが、原子炉の使用済み核燃料から、核兵器用のプルトニウムを抽出しているのではないかという疑惑が浮上しました。

これに対して北朝鮮は、ＩＡＥＡの特別査察を拒否し、ＮＰＴからの脱退を宣言しました。「特別査察」とは、事前の申告と査察結果に食い違いがあった場合に行われる査察をさします。

これが第一次核危機（一九九三〜一九九四年）のあらましです。

北朝鮮は一九九〇年代から、核兵器開発への執念をみせはじめました

第一次核危機は、米朝間の協議によって、いったん沈静化しました。

一九九四年一〇月に、北朝鮮が兵器級のプルトニウムの生産がしやすい黒鉛炉の開発を凍結した場合には、そのかわりに軽水炉や原油を供給することなどを柱とする「枠組み合意」に米朝が署名し、一九九五年三月、朝鮮半島エネルギー開発機構（ＫＥＤＯ）が設立

されたのです。それはアメリカが北朝鮮のエネルギー不足に理解を示し、大幅に譲歩した結果でした。

けれども**第一次核危機後も北朝鮮は秘密裡に核開発をつづけ、二〇〇二年には第二次核危機（～二〇〇八年）が起きてしまいます。この第二次核危機は、二期八年にわたるブッシュ政権の期間とほぼ重なっています。**

この深刻な危機のきっかけとなったのは、二〇〇二年一〇月に北朝鮮を訪問したアメリカのケリー特使に対し、北朝鮮が自分たちはウラン濃縮による核開発を行っていると認めたことでした。さらに同年一二月に北朝鮮は、凍結していた核施設を再稼働させると発表し、ＩＡＥＡの調査官を国外へ追放し、ＮＰＴからの脱退を宣言します。

こうした北朝鮮の動きを抑えるため、核問題をめぐる六者協議が二〇〇三年から始まりました。これはアメリカ、韓国、中国、ロシア、北朝鮮、日本という関係国六カ国がすべて入った国際的な枠組みで、大きな期待が寄せられました。事実、二〇〇五年九月に開かれた第四回六者協議では、朝鮮半島の非核化を目標のひとつとする「共同声明」が採択され、一定の成果をあげることに成功しました。

そして「経済制裁→反発→核実験→制裁」という、好ましくない循環が始まります

ところが同じ九月に、アメリカの財務省がマカオのバンコ・デルタ・アジア（ＢＤＡ）を「マネーロンダリングの主要懸念先」金融機関に指定しました。これを受けてマカオ政府がＢＤＡを管理下におき、北朝鮮関連の口座が凍結されました。

北朝鮮はこの金融制裁に強く反発し、翌二〇〇六年の七月にはミサイル発射実験を行い、一〇月には第一回目の核実験を強行しました。国連の安全保障理事会は、北朝鮮のミサイル発射に対しては非難決議（七月一五日）を、また、核実験に対しては制裁決議一七一八号（一〇月一四日）を、それぞれ中国、ロシアをふくむ全会一致で採択しました。

これがその後くり返される「核ミサイル実験→国連制裁」という悪循環の始まりでした。このころ私は北京で勤務していましたので、刻々とこじれていく状況が、昨日のことのように思い出されます。

二〇〇七年二月に開かれた第五回六者協議では、重油の供給などを見返りとして、寧辺核施設の稼働停止と封印など、核放棄プロセスを段階的に進めることに合意しました。こ

れは北朝鮮と信頼関係を築きながら、非核化を進めるねらいでした。

アメリカが制裁を解除したことで、事態は一段落しました

この合意を受けて、二〇〇八年八月に北朝鮮は核計画の申告書を提出し、アメリカは二〇〇八年一〇月、北朝鮮をテロ支援国家のリストから外しました。

こうしてようやく事態はいったん落ち着きましたが、二〇〇九年四月になって北朝鮮はミサイル発射実験を実施します。さらにＩＡＥＡ査察官を追放し、二〇〇九年五月には第二回核実験に踏み切りました。

二〇〇九年以降、六者協議は、不信感を強めたアメリカが応じなくなったため開かれなくなっています。オバマ政権は「戦略的忍耐」として、北朝鮮との対話にも応じなくなりました。一方、北朝鮮はウラン濃縮活動に着手すると宣言し、二〇一六年には、計二回の核実験と二〇回以上の弾道ミサイルの発射実験をくり返しました。

北朝鮮の金正恩《キムジョンウン》党委員長は二〇一七年一月一日、今年の施政方針にあたる「新年の辞」を発表しました。朝鮮中央通信によると、正恩は大陸間弾道ミサイル（ＩＣＢＭ）の試験

発射について、「準備が最終段階にある」と予告したのです。

そして、

「アメリカとその追随勢力の核の威嚇と恐喝がつづくかぎり、そして戦争演習騒動を中止しないかぎり、核武力を中核とする自衛的国防力と、先制攻撃能力を強化する」

と強調しました。要するに、核と弾道ミサイルの開発は、なにがあってもやめないという宣言です。

現在北朝鮮は、アメリカ本土に到達する大陸間弾道ミサイル（ＩＣＢＭ）の開発を進め、核弾頭の小型化にもとりくんでいます。「核戦略の建設は、目標達成段階」（同一〇月二八日、『労働新聞』）とも宣言しました。こんな朝鮮半島の現在の情勢について、「第三次核危機」と表現する人もいます。

このようにアメリカと北朝鮮の長い歴史がからんだ朝鮮半島の現在の緊張状態は、決して経済制裁を中心とした圧力だけでは解決することができないでしょう。

第3章
朝鮮戦争の歴史
開戦から休戦まで
1950～1953年

戦争は誤算の連続で生まれるといわれますが、朝鮮戦争もまさにそうやって起きました。朝鮮半島で、どのように戦端が開かれ、日本を巻きこんでどう展開していったかを、もう一度振り返ってみましょう。

朝鮮戦争時の韓国人少女と幼児（米海兵隊ホームページ）

朝鮮半島に近い山口県知事が、戦争の開始を予期していました

朝鮮戦争は一九五〇年六月二五日の午前四時に始まりました。この戦争の犠牲者は正確にはわかっていませんが、北朝鮮、中国の死傷者は二〇〇万人から四〇〇万人、韓国四〇万人、アメリカ一四万人ともいわれています。

そのほかにも、およそ一〇〇〇万人もの人びとが、南北に分断されて暮らす離散家族となりました。

北朝鮮が韓国へ侵攻して始まったこの戦争については、事前に数多くの情報が寄せられていたにもかかわらず、アメリカも韓国も北朝鮮から攻めてくることはありえないと考え、完全に油断していたことはよく知られています。

ところが意外なことに、実は日本人のなかで「朝鮮半島での開戦が近い」と感じていた人間がいたのです。

それは当時の山口県知事、田中龍夫《たつお》でした。田中は第二六代内閣

田中龍夫（1910-1998）　山口県知事、通商産業大臣、文部大臣等を歴任（日本財団図書館）

総理大臣をつとめた田中義一の長男にあたる人物です。

山口県は対馬海峡をへだてて朝鮮半島に向かいあい、歴史的にも関係が深い場所です。そのため当時の山口県庁は、内部に「朝鮮情報室」を設置し、朝鮮半島の情報収集を独自に進めていました。その情報収集の方法は、戦時中、朝鮮総督府の下で働いていた朝鮮語のうまい日本人警察官を「密偵」として使うというものでした。

歴史をふりかえってみると、実際にこのとき「対岸の火事」は、日本にも飛び火する可能性が大いにあったのです。

北朝鮮はやがて韓国を攻撃する。その背後には中国がいるという情報が、山口県庁の朝鮮情報室に早くから寄せられていました

一九五〇年（昭和二五年）になって山口県庁の朝鮮情報室は、朝鮮半島情勢が緊迫しているとの情報分析をまとめました。

密偵からの報告によると、ソ連や中国の支援を受けた北朝鮮は、カリスマ性のある金日成《キムイルソン》のもと、士気はきわめて旺盛で、軍事力も際立って増強されているとのことでした。

一方、米軍の統治下にあった韓国は、李承晩《イスンマン》体制のもとで民衆は圧政に苦しみ、活気に

とぼしい。南と北のバランスが崩れ、北朝鮮がいつ韓国を攻撃してもおかしくない、中国もそれをそそのかしているという情報まで、寄せられていたのです（『至誠は息むことなし・評伝田中龍夫』三晃実業出版部）。実に正確な情報だったといえるでしょう。

危機感をつのらせた田中知事は、この情報をたずさえて六月二一日、神奈川県の大磯にあった吉田茂首相の自宅を訪ね、

「どうもこのままでは、北朝鮮が侵攻する可能性が高いから、なんとかしてください」

と懇願したのでした。

けれども吉田首相は、田中の報告を聞いて、

「三日前に三八度線を視察したジョン・フォスター・ダレス特使（のち国務長官）が、帰途日本に立ち寄り、『米軍の指揮は旺盛で、装備も充実しており、決して心配ない』と言ったばかりだ」

と怒りをあらわにし、まったく取りあおうとしませんでした。

実際にはダレスのこの三八度線への視察が、結果的に北朝鮮を刺激し、朝鮮戦争を引き起こすひとつの原因になった可能性も指摘されています。

ジョン・F・ダレス（1888-1959）　アメリカ合衆国の法律家、政治家。第52代国務長官（ダレス図書館）

田中知事はマッカーサーにも直訴しようとしましたが、結局会えずに終わりました

吉田との面談で、事態の深刻さを伝えられなかった田中は、次は連合国軍最高司令官であるマッカーサーに会いに行こうと決意し、外務省に打診します。ところがそのとき外務省からは、マッカーサーは吉田などごく少数の例外をのぞいて、日本人には会わないことになっていることを知らされます。面会を求める日本人があまりに多かったためでしょう。

しかたなく田中は、外務省の担当者とともに横浜にあった米軍の第八軍司令部を訪れ、ウォルトン・ウォーカー司令官と面会します。そして、

「米軍が引きあげると、共産軍が韓国を占領してしまいます。そうすると山口県は〔共産国になった〕韓国に、いちばん近い県になってしまう。私も民主主義を守るために（略）これを見すごすわけにはいきません」

ウォルトン・ウォーカー（1889-1950）　米陸軍大将、第8軍初代指揮官（アメリカ合衆国政府）

とのべ、マッカーサー宛の陳情書を提出しました。これに対してウォーカー司令官は、「上司に伝える」とのべたと伝えられています。

その直後の**六月二五日、田中の懸念どおり北朝鮮軍の南進が始まり、それから三年一カ月にわたって、泥沼のような戦闘がつづくことになりました。**

朝鮮戦争は「忘れられた戦争」ともよばれています。その理由は、この戦争に勝者も敗者もいなかったからでしょう

もともとアメリカにとって朝鮮半島は、遠く離れた極東の地にすぎず、ほとんど関心はありませんでした。朝鮮戦争自体も、結局勝者も敗者もおらず、アメリカでは「忘れられた戦争」とよばれています。しかし実際にはそれは、韓国だけでなく、日本の戦後の歴史や安全保障体制にも決定的な影響をあたえた、非常に重要な戦争だったのです。

日本のすぐそばでこんな悲惨な戦争があり、しかも当時の日本が後方からそれを全力で支援していた事実を、私たちはけっして忘れてはならないでしょう。

奇しくもいま、アメリカのトランプ政権が、核とミサイル開発を進める北朝鮮を先制攻撃するのではないかという懸念が高まり、「第二次朝鮮戦争」の可能性まで語られていま

す。当時の状況を知ることは、私たちにとって大きな意味があると思います。

朝鮮戦争をめぐっては、無数の研究書があり、優れた内容のものも多いのですが、ここでは韓国国防史研究所による『韓国戦争』（かや書房）をもとに、当時のようすを再現してみます。

山口県に、なんと六万人もの規模の韓国亡命政府をつくる構想がありました

六月二五日に起きた突然の奇襲攻撃に、韓国軍は防戦一方となり、北朝鮮軍は開戦からわずか三日後の六月二八日には、ソウルに侵攻しました。

そのとき、早くから開戦を予想していた田中知事に、外務省から極秘の連絡が入ります。

それは電報で、

「韓国政府は、六万人の亡命政権を山口県につくるということを希望している」との内容でした。そのために必要な施設や宿舎などを「遺漏《いろう》なく準備してほしい」ともつけ加えられていました。

北朝鮮軍の士気は高く、韓国軍にくらべて各種兵器も圧倒的に優位でした。当時の李承

晩大統領は、海外に亡命することを覚悟していたかもしれません。

一方、まだ第二次大戦が終わって五年しかたっていない当時の山口県は、県民向けの米の配給は半月以上遅れ、軍人の復員や、下関などからの引揚げ者がふえつつあり、新たに六万人分の食料を確保することなど、とても不可能な状態でした。

山口県史によれば、田中知事はのちに当時を回想して、

「とんでもない話だ。もう、そうしたら〔亡命政府がきたら〕、山口県人なんかどこかへ出てくれなければね。〔しかし〕なんぼなんでも、どこかに行けやしないしね、そういう問題で」

「いま顧みればひとつの物語にすぎないが、そのときのことを思うとゾッとする」

とのべたと書かれています。

資料としては田中知事の話が残っているだけなのですが、山口県の正式な県史に記載されているわけですから、それを作り話と考えるのは難しいのです。事実、第二次大戦前の一九一九年に、中国・上海に大韓民国臨時政府がつくられたという例もあります。

そして二〇一五年、韓国の公共放送ＫＢＳが、この亡命構想は本当だったとレポートし、韓国内で大論争を巻き起こすことになったのです。

KBSの放送は屈辱報道だと批判が巻き起こりました

そのレポートは、たった二分間の短いものでした。内容を再現してみましょう。

「六二五戦争〔朝鮮戦争のこと〕当時の李承晩政府の対処については、歴史的論議が少なくないのですが、その中のひとつが日本亡命政府の要請説です。

李承晩政府が実際に、当時の日本政府に六万人の韓国人の亡命を打診し、日本が韓国人用の避難キャンプ計画をたてたという内容の日本側文書を、KBS取材陣が初めて確認しました。

六二五当時の、李承晩政府の『亡命要請説』を確認するために、山口県の県立図書館で資料を探しました。

山口県の公式歴史記録には、朝鮮戦争の勃発後、日本の外務省が山口県知事に、『韓国政府が六万人規模の亡命政権を山口県に樹立したいとしている』と知らせ、可能かどうかをたずねていましたが、当時の田中知事は、

『日本国民にも配給が不足している現状では難しい』という返事をしています。けれどもしばらくすると田中知事は、五万人の韓国人を受け入れるという非常措置の計画書を米軍に提出しています」

ＫＢＳは、当時韓国を統治していた米軍の記録を引用して、さらにこう伝えました。

「それは**山口県の阿武《あぶ》など四カ所に二〇〇の避難キャンプをつくって、臨時テント一カ所に二〇〇人ずつ、全二五〇〇個のテントに五万人を受け入れるという計画でした。**こうして宿泊施設や衛生施設などが、五万人規模で準備されることになりました。田中知事はこの英文計画書を米軍に提出して、予算の支援を要請しました。

この米軍文書には、李承晩政府は亡命を打診したものの、実行されなかったと書かれています。もしこの話が事実なら、六二五〔朝鮮戦争のこと〕に対する政府の状況がどうだったのか、大きな問題です」

この放送は時間も短く、内容もおもに朝鮮戦争時の韓国政府のあわてぶりを指摘するものでした。ところが事態は思わぬ方向に展開します。

「亡命政府」報道を行ったKBSに対して、猛烈な抗議が寄せられました

李承晩政権による日本への亡命要請は、それまで「噂」のレベルでしか語られたことがありませんでした。しかしKBSが報じたことで、すぐに大きな論争が巻き起こったのです。

とくに李大統領の業績を受けつぐ「李承晩大統領記念事業会」は、「亡命の要請は韓国政府の公式記録ではなく、報道内容は事実と異なる」と強く抗議したのです。

そもそも日本に亡命政府をつくるというのは重大な決断です。しかも当時、日本はアメリカの占領下にありました。事業会は、日本政府だけの決断で、受け入れを決められるわけがないと指摘しました。

たしかにKBSの報道には、日本や韓国の外務省の関係する文書が使われておらず、根拠が希薄だという批判もありました。韓国には朝鮮戦争を研究する専門家がたくさんいます。しかしそれまで、「山口県での亡命政府」構想を具体的に裏づける新たな資料は見つかっていませんでした。

報道の内容には、疑問点が相次いで指摘されました

そもそも李承晩は徹底した反日主義者でしたから、よりによって日本に逃げるはずがないという常識的な反論もありました。

移住計画は、韓国人ではなく、当時韓国にいたアメリカの軍事顧問団とその家族を対象にしたものだったという主張も出てきました。

これを受けてKBSは、ニュース番組のなかで、それらの反論を伝える報道を行いました。時間は合計一分四〇秒で、最初の報道（約二分）と、ほとんど同じ時間でした。

たしかな事実はわかりませんが、**万が一、李承晩が山口県に逃げ、そこに亡命政府をつくっていたとしたら、北朝鮮軍は勢いを増し、朝鮮半島を完全に制圧していたかもしれません。**

もしも五万人の韓国人、それも政府の要人たちが日本に移住していたとしたら、その後の日韓関係も完全にかわっていたでしょう。まさに朝鮮戦争は、たんなる「対岸の火事」ではなかったのです。

田中はその後、衆議院選挙に旧山口一区から立候補して当選し、第一次岸信介内閣で内閣官房副長官を務めました。第二次佐藤栄作内閣では総理府総務長官として初入閣。福田赳夫内閣の通商産業大臣。鈴木善幸内閣で文部大臣になるなど、政権の中枢を歩きました。

北朝鮮に脅威を感じて、韓国は単独で選挙を行うことを決めました

朝鮮戦争のことを説明する前に、一九四五年八月以降の動きに触れておきます。日本の降伏を受け、朝鮮半島は米軍とソ連軍によって占領されました。トルーマン大統領は八月一七日、ソ連のスターリン書記長に「一般命令第一号」とよばれる文書を送りました。要するに「三八度線以北の日本軍はソ連軍（赤軍）に、以南は米軍に降伏する」ことを決定する内容です。

この結果、朝鮮半島はアメリカとソ連によって二つに分断され、支配されることになりました。

一九四七年一一月、国連総会はアメリカの提案による、「国連監視下で全朝鮮における総選挙を実施し、統一政権を樹立する」

ハリー・トルーマン（1884-1972）　第33代アメリカ合衆国大統領（アメリカ合衆国政府）

という決議一一二を採択します。これにより、連合国による信託統治の段階をへて、「統一朝鮮」を建国する計画が進められていきます。

右の決議のとおり、当初は朝鮮半島全土で総選挙を行って、統一政府を樹立し、米ソの占領軍は順次、撤退していく予定でした。実際にアメリカ主導で「国連臨時朝鮮委員会」が組織され、朝鮮における民主的な選挙を監視することになり、この委員会のメンバー国がソウルに到着しました。

ところが東西冷戦が深刻になるにつれ、アメリカは「統一朝鮮の建設」という方針を転換し、南朝鮮（のちの韓国）だけの単独政府樹立を主張する勢力を支援するようになります。その結果、韓国の総選挙は一九四八年五月一〇日に、済州島を除く南朝鮮全域で行われ*註、一九八人の国会議員を選出しました。

南朝鮮だけの単独選挙をアメリカが支持したのは、当時の政治と経済の情勢にありました。実は日本の植民地時代の朝鮮半島は、北部に工業施設が多く、地下資源も豊富な先進地域でした。そのため全土で総選挙を実施すると、北部（左派）の勢力が勝利する可能性が高いとみられていたのです。すでに米ソ対立は激しさを増しており、アメリカはなんとかしてソ連の勢力拡大をとめたかったのです。

この南だけの単独選挙で新しく選ばれた議員たちは、まず議会を開いて憲法を制定しました。そして初代大統領にアメリカが支援する李承晩を選出し、一九四八年八月一五日、大韓民国政府が成立しました。

一方、北側は一九四七年一一月に臨時憲法制定委員会を発足させ、憲法草案を作成します。翌一九四八年七月の人民会議で憲法案が承認され、国会にあたる最高人民会議の代議員が選ばれたあと、九月八日に憲法が制定されました。翌九日には朝鮮民主主義人民共和国が樹立され、金日成が首相となりました。

こうして朝鮮半島の南北の分断が始まってしまうことになったのです。

＊註　当時、済州島では、単独選挙への激しい反対（四・三事件）が起き、混乱がつづいていました。

李承晩《イスンマン》政権下の混乱は、選挙後も収まることはありませんでした

李承晩政権下の韓国は、建国をはたしたあとも、政治や経済の分野で混迷がつづいていました。日本の敗戦にともなう両国の関係断絶や、海外や北朝鮮からの人口流入でインフ

レや失業が深刻化していたのです。

失業者が町にあふれ、大都市では交通機関を中心としたゼネストが頻発しました。国内では北朝鮮に近いとされる左派の摘発が頻繁に行われるようになりました。

韓国の軍隊は、大部隊による作戦訓練を行っておらず、対戦車防衛のための訓練も行っていませんでした。このため武器や兵士の数で、圧倒的に北朝鮮に劣っていました。**李承晩が「北進統一」をとなえ、北朝鮮への挑発をくり返していたため、アメリカ側は李に対して強い不信感をもっており、軍事的な協力を控えていたのです。**

韓国が独立して二年が経過した一九四九年、アメリカは、五〇〇人の軍事顧問団と約五万人分の兵器だけを残して戦闘部隊を撤退させます。このことが韓国に「アメリカに見捨てられる恐怖」という、トラウマ（心的外傷）をあたえることになります。

金日成（1912-1994）　朝鮮民主主義人民共和国・初代最高指導者

李承晩（1875-1965）　第1-3代大韓民国大統領
（syngmanrheeホームページ）

北朝鮮の韓国侵攻の動きは、本当に察知されていました

当時、北朝鮮の金日成《キムイルソン》首相が武力による南北統一をもくろんでいたことは、すでに事実として明らかになっています。ソ連の崩壊後、朝鮮戦争当時の記録文書がロシアで公開され、金日成が韓国との開戦に向けて、ソ連や中国側に対し、周到に根まわししていたことがわかっているのです。

さらに、北朝鮮軍は韓国への侵攻（南進）に向けた具体的な動きもみせていました。その動きは韓国やアメリカもかなり把握していたのです。

そうした動きが把握できたのは、朝鮮戦争が起こるまで、南北を分ける三八度線の管理が比較的ゆるやかで、商売のために南北を行き来する人がいるほどだったからです。そのため韓国軍は、さまざまな形で北朝鮮内に侵入し、軍の動きを把握していたのです。

一九四九年秋から五〇年にかけて、韓国軍は次のような情報を入手し、アメリカに伝えていました。以下はＧＨＱのＧ２（参謀第二部）の部長として活動していたチャールズ・ウィロビー将軍の回顧録に書かれていることです。

G2は朝鮮戦争開戦までに、ワシントンに四一七通もの特別報告を送っていました。そこには北朝鮮の南進の可能性を示す内容が数多くふくまれていたのです。

それはたとえば次のようなものでした。

一九四九年九月一日
「六月になって以降、避難民に仮装した中共〔中国共産党〕兵が毎日のように平壌に入っている。中共兵一個師団が〔中国東北部の〕安東から入北したのは確実である」

同年一二月八日
「北朝鮮や中共は完全にソ連の支配下にあり、北傀《プッグェ》〔北朝鮮の蔑称〕軍の兵力は四〜八師団や独立師団からなり、七六ミリや一二二ミリ榴弾砲《りゅうだんほう》、三四〜四〇両のT－34型戦車、三〇〜七〇機の飛行機を装備している。最近入北した中共兵で一個師団を編成した。軍事作戦に適する来年の四〜五月期ごろは危険性がある」

一九五〇年一月五日
「北朝鮮は一九五〇年三月及び四月を、韓国に侵攻する時期と定めている」

韓国政府に対しても、「全面戦争開始」との情報がもたらされていました

　さらに開戦前日の二四日、韓国陸軍本部で北朝鮮側からの情報を分析していた部署は、北朝鮮人民軍将校らしき集団が、韓国側の地形偵察を行っているとの情報を入手し、「全面攻撃が明日にも行われるかもしれない」

という判断をくだしていました。しかし韓国軍は、この判断を重視しませんでした。このようにアメリカと韓国側は、北朝鮮が南進すると思われる具体的な時期までかなり正確に把握していたのです。

　ソ連はすでに一九四八年までに、三個師団の北朝鮮人民軍を訓練していたのですが、一九五〇年の春までにそれは、さらに一〇個師団に増強され、そのほかに歩兵の数個連隊、機甲旅団および空軍や海軍の小部隊もふくまれていました。

　一九五〇年までに、韓国陸軍は総計八個師団、一〇万人を数えるだけでした。

　すでに触れましたが、韓国の李承晩大統領は、北朝鮮に対して非常に好戦的な態度をみせていたので、アメリカ顧問団は、この軍隊に戦車、重砲、軍用機などをあたえるのを拒

否していたのです。正規の攻撃兵器をあたえれば、李大統領はただちに三八度線を突破して北進する恐れがあったからでした。

こうした状況が、当時の駐日大使ウィリアム・シーボルトの回想録『日本占領外交の回想』（朝日新聞社）のなかにくわしく記述されています。

韓国を軽視していたアメリカは、北朝鮮にそのスキを突かれる形となりました

当時アメリカは、韓国の軍事的戦略的な価値を軽く考えていました。アメリカの軍人で、中国と朝鮮国の情勢を調査したアルバート・ウェデマイヤーの報告書（一九四七年）には、南朝鮮（現・韓国）には必要な援助を行うが、将来的に米軍は南朝鮮から撤退すべきだと書いてありました。

アメリカのトルーマン大統領も当時、「この五年間、戦争はない」と朝鮮半島の情勢について発言しています。韓国だけでなく、中国の政治情勢についてもアメリカは介入しませんでした。

その結果、一九四九年一〇月一日には、中国共産党の手で中華人民共和国が建国される

ことになりました。アメリカがずっと支援してきた国民党政府（台湾）を、中国共産党が中国大陸から実力で排除し、巨大な共産主義国家を樹立していくプロセスを、アメリカは黙ってみていたわけです。

一九五〇年一月、トルーマン大統領は記者会見で、中国の内紛にコミットせず、台湾にも軍事援助をあたえないと明言しました。それから一週間後、アメリカ国務長官ディーン・アチソンが、ワシントンのプレスクラブでの演説で、

「**アメリカは、フィリピン、沖縄、日本、アリューシャン列島のラインの軍事防衛に責任をもつ。それ以外の地域は責任をもたない**」

と発言しています。

これが有名な「アチソン・ライン」です。つまり、韓国はわれわれの防衛線の外にあり、防衛する責任はないという発言なのです。

この発言は金日成だけではなく、スターリンや毛沢東にも、北が侵攻してもアメリカは介入してこないという誤ったメッセージをあたえたとされています。朝鮮戦争が起きたのは、この発言から半年後のことでした。

韓国の貧しい軍備と未熟な兵士、韓国大統領とアメリカの対立、

ディーン・アチソン（1893-1971）　第51代アメリカ合衆国国務長官（アメリカ国務省ホームページ）

米軍の撤退の動き、さらに北朝鮮軍の動向についての軽視。さまざまな条件が重なっていました。いま考えると、北朝鮮は実に絶妙なタイミングで開戦に踏み切ったといえるでしょう。

金日成はソ連と中国からも、開戦の了解を取りつけていました

一九五〇年三月末から四月末にかけて、金日成はモスクワに滞在し、韓国への侵攻（南進）を認めてほしいとスターリンに要求しました。そこでスターリンは、「事前に十分準備を整えること」「直接的な援助を中国から受けること」という二つの条件をつけて、これを認めました。

その背景には、前年九月にソ連が原爆の開発に成功し、アメリカとのパワーバランスを回復していたこともありました。

そこで金日成は、つづいて毛沢東の説得にとりかかります。そのころ**中国は、朝鮮半島で戦争が起きることは望んでいませんでした。まだ前年の建国から間もない時期で、中国自体、経済的に非常にきびしい国の運営を迫られていたからです。**

しかし、毛沢東は、ソ連の援助を受けて北朝鮮が朝鮮半島を統一した場合、この地域で

のソ連の影響力が一方的に高まって、結果的に中国の発言力が失われるのではないかとの懸念をもっていました。そこで中国も、北朝鮮の南進に賛成することになったのです。

こうしてスターリンの思惑に沿った形で、朝鮮戦争に向けての動きが開始されました。

最初の三日間は、北朝鮮軍は破竹の勢いで進軍しました

第二次大戦後、日本のもっとも近くで起こった戦争である朝鮮戦争は、開戦から三日間、北朝鮮軍が破竹の勢いで韓国に攻めこみました。あらためて状況を振り返ってみると、韓国側の開戦直後の鈍い動きが、傷口を広げたことがよくわかります。

一九五〇年六月二五日午前四時、南北を分ける北緯三八度線は、濃い霧に包まれていました。北朝鮮軍がその雨の中、三八度線全域でいっせいに砲撃を開始します。

一方、韓国では前日の二四日夜は、ソウルにある陸軍将校クラブの開館パーティが開かれていました。またその日、兵士たちには休暇があたえられており、多くの指揮官や将兵が部隊から離れ、外泊していました。

ゆるんだ雰囲気のなか、突然、いっせいに射撃の音が鳴り響き、北朝鮮の戦車が三八度

線を越えて韓国側に進軍してきました。北朝鮮軍はよく訓練されており、手にしていたのも、ソ連から提供された最新型の武器でした。

韓国軍を圧倒したのはソ連製の最新鋭のT－34戦車でした

北朝鮮軍は、総兵力二〇万人、戦車二四〇両、大砲五五二門と韓国軍を圧倒していました。さらに北朝鮮の主力戦車は、第二次世界大戦時の傑作、ソ連製のT－34でした。この中型戦車は重さ二七・八トン、全長は六・五メートル。装甲に六〇度の傾斜がつけられており、砲撃しても弾が上滑りするため、実際の装甲の厚さの三倍の強度をもっていました。

さらに七六・二ミリという大型の火砲も備えており、敵の軍隊を簡単に粉砕する力がありました。四五〇キロという優れた走行距離能力ももっていました。また生産が容易

韓国軍を苦しめたソビエト製最新鋭戦車T-34（アメリカ陸軍）

で、簡単な設備しかない工場でも製造できたのです。戦車の中は狭苦しく、居住性や操作性は悪かったようですが、とにかく戦闘に特化した、よくできた戦車でした。

Ｔ－34は一九四一年夏、ドイツとの戦闘時に導入されましたが、ドイツ装甲部隊の隊長たちはこの新型戦車の優れた性能に、強いショックを受けたと伝えられています。

一方の韓国軍は、総兵力一〇万、戦車ゼロ、大砲九一門と完全な劣勢でした。しかも韓国軍の火砲は、当初Ｔ－34の装甲を撃ち抜くことができませんでした。となると勝敗は戦う前から目に見えています。

最新型戦車を前面に押したてて前進してくる朝鮮人民軍の兵士たちを、韓国側はとめる方法がないのです。まさに絶望的な状況でした。

開城《ケソン》、議政府《ウィジョンブ》、春川《チュンチョン》など、三八度線の全域から続々と北朝鮮の兵士が南下し、韓国軍は各地で退却を強いられることになりました。

開戦初日、きびしい戦況は韓国の国民に伝えられませんでした（一日目：一九五〇年六月二五日）

午前六時三〇分、韓国陸軍本部は北朝鮮の砲撃開始から三時間ほどたった段階で、韓国全域に非常招集を発令しました。これを受けて、中央放送（KBS）は午前七時、北朝鮮の攻撃を初めて伝えます。

「一〇万の国軍は健在であり、全国民は心配しないように」

という楽観的な内容でした。この放送には、外泊していて連絡の取れない将校たちに開戦を伝えるという目的もありました。部隊に復帰した将校のなかには、二日酔いの者もいました。

李承晩大統領は、午前一〇時、景武台《キョンムデ》とよばれる官邸の近くの池で釣りをしているときに、初めて北朝鮮軍の侵攻の報告を受けました。李大統領にとって釣りは、魚を釣るのが目的ではなく、一人で国政を考えるための時間でした。

北朝鮮は奇襲作戦が成功をおさめたことを確認したうえで、午前一一時ごろ、平壌放送を通じて「人民軍は自衛措置として反撃を加え、正義の戦争を始めた」と宣言しています。

情勢はさらに急転します。**開戦初日の昼には、小ぶりな北朝鮮のヤク型戦闘機（ソ連製）四機が早くもソウルに飛来し、駅や軍事施設に機銃掃射を加え、爆弾を投下し、ソウル市民の不安をかきたてました。**

午後二時になって李大統領は執務していた景武台で非常国務会議（閣議）を招集しました。このとき蔡秉徳《チェピョンドク》参謀総長は、

「三八度線全域で四〜五万の北傀〔北朝鮮の蔑称〕軍が、九四台の戦車を前に押したて不法に南進してきた」

と報告しました。

一方、蔡参謀総長は「韓国軍は各地で応戦しており、撃退できる」ともつけ加えました。

北朝鮮の金日成は、ラジオを通じて、

「売国逆賊である李承晩の傀儡《かいらい》政府の軍隊は、六月二五日、三八度線の全域にわたって、三八度線以北の地域に対する全面的な侵攻を開始した。勇敢な共和国警備隊は、敵の侵攻を迎えうち、過酷な戦闘を展開しながら李承晩傀儡政府軍の進行を挫折させた」

と、**韓国側からの攻撃が先で、北朝鮮側はそれに応戦しただけだ**とのべました。

李大統領に対して、きびしい前線の様子が次々に報告され、ソウルから一時撤退することについても検討が始まります。

アメリカが国連に、撤退要求の決議案を提出しました

一方アメリカも三八度線で起きた大規模な衝突に、動きがあわただしくなります。韓国

時間の二五日午前九時（米東部時間二四日二〇時）には、在韓アメリカ大使からの緊急電が国務省に届きました。それは、

「今回の北朝鮮の攻撃は、その規模から見て韓国に対する全面戦争に違いないと思われる」

という内容でした。

アメリカの国務省はすぐさま、トリグブ・リー国連事務総長と連絡をとりました。北朝鮮軍の韓国侵攻に抗議するため、ただちに安全保障理事会を開くよう要請したのです。戦争勃発の連絡は、週末の休暇中だったトルーマン米大統領にも届きました。その時点でアメリカはまだ、前日二四日の深夜の段階でした。報告を聞いた大統領は、ミズーリ州の自宅からワシントンに急きょ戻りました。

アメリカ政府は、北朝鮮に対して即時の戦闘中止と、三八度線以北への撤退を要求する決議案を国連の安保理に提出しました。すぐに緊急の安保理が開かれ、事務総長は、

「今回の事件は北朝鮮の侵略行動であることは疑いの余地がない」

と語りました。

さらに安保理は動きを早めます。

北朝鮮に対し「平和の破壊および侵略行為」の即時中止と、三八度線以北への撤退を要

求するアメリカの決議案を採択します。（安保理決議第八二号→310ページ）

このとき北朝鮮の主張を聞くべきだとしたユーゴスラビアの決議案は、一対六（エジプト、ノルウェー、インドが棄権）で否決されました。

当時中国大陸には、中華人民共和国が成立していました。しかし国連には台湾に逃れた中華民国が常任理事国として、変わらず出席していました。ソ連は朝鮮戦争の勃発時にそれに抗議して安保理を欠席していたため、安保理はアメリカ主導で進んでいくことになります。

ソウルを守るか撤退するかで、激しい論争が起こりました（二日目：六月二六日）

開戦から二日目には、北朝鮮軍第三師団が、韓国側の拠点である議政府《ウィジョンブ》を占領します。韓国政府は、ソウルからの撤退か死守かで、内部で意見が対立します。

李承晩大統領は午前三時、東京のマッカーサー元帥に電話をかけました。李大統領は、**「今日この事態が起こったのはどなたの責任か。貴国がもうすこし関心と誠意をもっていれば、このような事態にいたらなかったのではありませんか。われわれがいく度となく警**

告したではありませんか。どうか、韓国を救ってください」

と抗議し、支援を求めました。

東京の米軍司令部は、アメリカの最新戦闘機であるF－51戦闘機を一〇機、韓国政府に引渡すことを決め、日本を発進した一〇機が韓国上空に向かいました。二六日の夜、北朝鮮機が、ソウルへの小規模な爆撃を開始しました。

大統領が南に逃げ、ソウルは街を脱出する人たちであふれかえりました（三日目：六月二七日）

トルーマン大統領は、韓国時間の二七日午前一〇時（米東部時間二六日午後九時）、安全保障会議を開きました。そして極東の海空軍に対し、弾薬支援と自国民保護を目的とした出動命令出す一方、朝鮮半島における軍事行動の指揮権をマッカーサーにあたえました。こうして米軍が動き出す準備が整うことになりました。

李大統領は二七日の午前三時、ソウルの官邸から避難し、特別列車で約三〇〇キロ離れた南部の大邱《テグ》まで逃れました。このとき、

「私もソウル市民とともに死のうとも、最後まで［ソウルに踏みとどまって］戦うべきだ

った」

と話したとも伝えられます。その後、国連が韓国を支援するとの動きを聞いた李大統領は、逃げすぎたと感じ、韓国中部にある大田《テジョン》まで戻ってきました。

つづいてアメリカの政府関係者と軍関係者の家族たちも、仁川《インチョン》港から避難を始め、二九日までに日本への待避を完了させました。

午前六時ちょうどには、ＫＢＳ放送が突然、首都の水原《スウォン》移転を発表。北朝鮮軍は、ソウル郊外に迫り、ソウル市内は避難民であふれかえりました。

同一一時、蔡秉徳参謀長が、首都圏部隊長会議を開催し、北朝鮮軍がソウルに入ってくると思われる二時間前を見計らって、漢江にかかるすべての橋を爆破することを決定しました。

大田にいた李大統領は、午後一〇時から一一時まで三回にわたってラジオで、

「アメリカが支援してくれることになりました。苦労はあるだろうが安心してほしい」

と国民に語りかけていました。

ソウルの事態を受けて、国連でも安保理の緊急理事会が開かれました（四日目：六月二八日）

この日（米東部時間二七日）、ニューヨークの国連本部で安全保障理事会が開かれ、朝鮮半島情勢が取り上げられました。理事会では八時間の論議の末、韓国への軍事援助に関する決議文（安保理決議第八三号）*註が、賛成七、反対一、欠席一（ソ連）で採択されました。

その内容はまず北朝鮮に対し、韓国への攻撃は「平和の侵害」であり、即時戦闘を停止し、三八度線まで撤退することも求め、さらに国連加盟国に対しては、北朝鮮の武力攻撃を撃退するための措置をとることを勧告していました。

すでにアメリカは韓国へ出兵していましたが、**国連のこの決議で、アメリカの行動が国連に追認されたことになりました。それは国連が創設されて以来、国連の名のもとで行われた最初の武力行使（集団安全措置）となりました。その点で重要な意味をもつ一方、この朝鮮半島での戦争に、アメリカが大きく巻きこまれていく原因をつくったのです。**

＊註　原文は311ページ参照

住民の蜂起を待った北朝鮮軍は、三日間侵攻を停止しました

「安心してほしい」という李大統領の呼びかけをよそに、各地で北朝鮮人民軍が韓国軍の防御戦を破り、侵攻をつづけます。そして二八日の午前一〇時ごろには、ついに人民軍第三師団の戦車一〇台がソウル市内に入り、東大《トンデ》門《ムン》付近まで侵攻します。

午前一一時三〇分、北朝鮮軍はさらにソウル中心部にまで侵攻し、同日夜までに完全に市内を制圧しました。そして市内にあった刑務所や警察署に入りこみ、政治犯だけでなく一般の囚人もすべて解放しました。自分たちが「解放軍」であることを印象づけるためでした。

政府機関や各国大使館、新聞社や放送局などの建物を掌握し、国有財産や、資本家の私有財産などをすべて没

1950年6月28日、ソウルは北朝鮮軍の攻撃により陥落。写真は破壊されたソウル市内の建物（アメリカ陸軍）

収していきます。韓国で発行されていた新聞はすべて廃刊にされ、かわって『朝鮮人民報』など、北朝鮮の新聞が発行されました。

金日成《キムイルソン》がソウルの解放について、ラジオを通じて公式に宣言しました。ここで北朝鮮軍の動きは三日間止まります。北朝鮮軍の多くの兵士たちが戦車のわきでタバコを吸い、休息をとっているのをソウル市民が目撃していました。

この「ナゾの三日間」については、その後さまざまな理由が語られてきましたが、まだ決定的な事実はわかっていません。朝鮮戦争の開戦に関与した朴憲永《パクホニョン》という活動家が金日成に対して、

「朝鮮半島で戦争が起きれば、韓国内の二〇万人程度が蜂起し、革命を起こす」

と主張していたため、これを信じて蜂起を待っていたという説もありますが、実際は何も起きませんでした。朴憲永はこの発言の責任を問われ、その後、粛清されています。

北朝鮮軍の侵攻を防ぐため、市民もろとも橋が爆破されました

当時ソウルには最も大きい漢江《ハンガン》大橋を含め人間が渡る橋が二本、鉄道用の鉄橋三本の計

五本がかかっていました。

韓国軍は六月二八日午後二時三〇分、北朝鮮軍を足どめするため五本の橋に爆薬をしかけ、あいついで爆破のスイッチを入れました。**漢江大橋には、戦火を逃れようと市民や兵士、車両が通行中でした。この爆破によって少なくとも五〇〇人から八〇〇人の市民が犠牲となったと伝えられます。**

その結果、李大統領とそれほど親しくなかった国会議員をはじめ、一五〇万ソウル市民のほとんどが、なんの情報もあたえられないまま、北朝鮮の支配地域に取り残されました。橋の爆破は、多数の民間人を犠牲にした無謀な作戦でした。実は離れた場所にかかっている鉄道用の二つの鉄橋では、爆発が起きず、北朝鮮軍は、その橋を通って南進してきました。大きな犠牲を出した橋の爆破作戦は、敵を食いとめる効果がなかったのです。

橋の爆破の現場責任者は二九歳の崔昌植《チェチャンシク》大佐でした。米軍が戦況を逆転する「仁川《インチョン》上陸作戦」が敢行された同じ九月一五日、臨時首都であった釜山《プサン》で開かれた戒厳高等軍法会議は、崔大佐に国防警備法二七条の「敵前非行罪」を適用し、死刑を宣告しました。崔は、自分は命令に従っただけだと責任を否定しましたが、効果はなく、刑が執行されました。

判決文は、崔の漢江橋爆破で莫大な車両と軍人が墜落し、無事な車両装備および軍需物資が敵に使われ、数万の兵力が漢江を渡れない混乱が発生したとしました。つまり、すべての責任を崔に押しつけたのです。九月二一日、崔は釜山郊外であっけなく処刑されてしまいました。

マッカーサー将軍は、早急な支援をと大統領に要請しました（五日目：六月二九日）

六月二九日の午前一〇時三〇分、首都ソウル陥落の報を聞いたマッカーサーは、東京から韓国入りし、自ら漢江南側の丘に登り戦況を観察しました。

マッカーサーはきびしい戦況を確認したあと、トルーマン大統領に対し「遅滞なく（without delay）」とくり返しのべながら、韓国へ即座に米軍の地上軍を派兵するよう要請したのです。

このときから米軍を中心とした国連軍が、地上軍を含めて戦争に本格的に介入していきますが、それでも北朝鮮軍の勢いはとまらず、韓国政府はじりじりと南へ後退していきます。

七月一日には、臨時政府のあった水原《スウォン》が陥落、国連軍は中部の大邱《テグ》まで撤退しますが、ここも奪われ、八月には朝鮮半島南端の釜山周辺の一角にまで追いつめられてしまいます。

仁川上陸を助けた韓国軍の「X線作戦」は、映画にもなりました

二〇一六年夏、韓国で、ある映画が大ヒットしました。「仁川上陸作戦」です。

朝鮮戦争の戦況を一転させたこの上陸作戦の前に、韓国海軍の軍人たちが北朝鮮の占領する仁川に潜入し、米軍の上陸を援助した「X線作戦」が行われていました。映画はこの実話をふまえながら、現代的な情報戦のドラマに仕立てたものでした。

海軍諜報部隊大尉チャン・ハクス役に、人気俳優のイ・ジョンジェが選ばれ、作戦の責任者であるマッカーサーを、ハリウッドの人気アクションスター、リーアム・ニーソンが務めたことも観客動員に拍車をかけました。

私もこの映画をソウルで見ました。かなりアクション仕立てにして、脚色していますが、仁川上陸作戦に韓国人が協力していたという現実のストーリーは、韓国の人たちに自信をあたえたに違いありません。

韓国では、いまも朝鮮戦争を題材とした映画が製作されています。たとえば「ブラザーフッド」（二〇〇四年）は、南北に分かれて戦うことになった兄弟がテーマになっています。

また「トンマッコルへようこそ」（二〇〇五年）は、朝鮮戦争の最中、敵対する南北両軍の兵士たちが迷いこんだ山奥の村を舞台に物語が展開します。

最近は、北朝鮮の兵士にも人間味をあたえて描き、かわりに戦争そのものを否定的に描くことが多くなっていますが、「仁川上陸作戦」はかなり北朝鮮の兵士を冷酷な人間として描いており、韓国内で論争が起きました。

朝鮮戦争は、いまだに韓国の人たちの心に深く刻みこまれた生々しい現代史なのです。

仁川への奇襲で戦況が逆転し、北朝鮮軍は壊滅状態に陥ります（一九五〇年九月一五日）

八月下旬、マッカーサー元帥は半島西岸にある仁川への上陸作戦計画に着手しました。同時にアメリカをはじめとする国連加盟国は、国連軍の作戦を三八度線よりも北の地域まで広げることについて議論を開始しました。

仁川への奇襲作戦について、ワシントンは反対しませんでした。しかし、仁川の干潮時と満潮時の差が一〇メートルと激しく、干潮時の港への入り口は、幅二キロ、長さ九〇キロの水路しかなかったため、軍の内部には強い反対意見がありました。それを聞いたマッ

カーサーは、

「**それだけ意表をつく作戦であるため、奇襲効果が大きい**」

と言って実行に踏み切ります。

そうして国連軍は、一九五〇年九月一五日に仁川に上陸し、同時に洛東江《ナクトンガン》ラインから総反撃を開始しました。長く伸びきっていた補給線を断ち切られた北朝鮮軍は、大混乱に陥ります。

国連軍は九月二七日にはソウルを奪回し、韓国軍と国連軍は九月末に三八度線まで進出しました。混乱した北朝鮮軍は中東部の山岳地帯をへて、三八度線よりも北へと敗走しました。

一〇月一日、東部戦線の韓国第一軍団が三八度線を突破し、米第八軍も三八度線を

1950年9月15日、仁川上陸作戦の指揮をとるマッカーサー元帥（写真中央・アメリカ陸軍）

越え、今度は北朝鮮の首都平壌《ピョンヤン》に向かって、北進を開始しました。

七月、李大統領は韓国軍を指揮する権利（「指揮権」）を米軍司令官に委譲しました

朝鮮戦争の開戦直後、韓国軍は、米第八軍の指揮下にあるわけでもなく、また国連軍の一員ともいえない中途半端な立場にありました。戦争初期には命令系統が混乱し、北朝鮮軍への対応もできなくなりました。そのため七月に国連軍司令部が組織されたのをきっかけに、軍の部隊を動かす権限である「指揮権《コマンド》（のちのよび方では『作戦統制権《オペレーショナル・コントロール》』）」の問題を検討することになったのです。

韓国軍の中枢である陸軍本部は七月一三日に大邱に設置されましたが、近くにはアメリカの第八軍司令部がありました。合同会議も開いており、すでに実質的に共同で作戦を展開していました。

こういった状況を受けて李承晩大統領は、あくまで応急措置として丁一権《チョンイルグォン》総参謀長に対し、国連軍司令部の指揮を受けるよう口頭で命令したあと、在韓米大使を通じて東京のマッカーサーに対し、「現作戦が継続されるあいだ」という条件をつけたうえで次のよう

な書簡を送りました。

「私は、現在の戦争が継続されるあいだ、大韓民国の陸海空軍すべての指揮権を〔国連軍に〕移譲することとなったことを喜びとするものであります」

日付は七月一四日でした。

これに対してマッカーサーは返信を送り、

「大韓民国の陸海空軍の指揮権の移譲に関する李承晩大統領の決定を光栄に思い、国連軍の最終的な勝利を確信する」

と答えたのです。

こうして指揮権をめぐる一連のやりとりは国連安保理に提出され、正式に認められました。ただし、この指揮権（作戦統制権）の問題は、朝鮮戦争の休戦後、大きな問題となります。それについては五章で触れることにします。

予想していなかった三〇万人もの中国軍が参戦してきました（一〇月二五日）

アメリカ側には、仁川上陸作戦の成功で戦況が好転するにつれ、楽観的な雰囲気が広がっていました。当時、中国の介入の兆候を、深刻なものとして受けとめず、一種の政治的な脅威にすぎないと断定していたのです。

一方、国連軍が三八度線を突破するころ、中国軍はすでに三〇万人近い大兵力を北朝鮮との国境地域に潜入させていました。一〇月二五日、中国は満を持して義勇軍に中朝国境の鴨緑江《おうりょくこう》を渡らせ、戦線に送りこみます。北進をつづけていた韓国軍と国連軍は大混乱に陥りました。

この年の一二月、北朝鮮と中国軍は、いったん奪われた平壌を奪回することに成功します。

その後、休戦までの約二年半のあいだに、中国軍の大攻勢は六度に及んでいます。とくに一九五一年一月初めに再開された中国軍の正月攻勢により、国連軍は再びソウルから、約七〇キロ南に下がった平澤《ピョンテク》ラインへと後退させられました。

このあと戦況は膠着《こうちゃく》状態となり、一進一退がつづきます。

朝鮮戦争の戦況推移

①1950年６月　朝鮮戦争が始まる前、南北は38度線で分断。

②1950年９月　戦争開始から約２カ月で、国連軍は南部の釜山周辺に追いつめられる。

③1950年11月　仁川上陸作戦の成功で、国連軍は38度線を越えて中朝国境付近まで北進。

④1951年４月　中国軍の参戦で、国連軍は押し戻され、以後38度線をはさんで膠着状態となる。

北朝鮮軍＋中国軍　　朝鮮国連軍（韓国軍＋米軍など）

開戦から一年後、ソ連が休戦を提案しました（一九五一年六月二三日）

朝鮮戦争を、北朝鮮を通じて遠くから見守っていたソ連は、実はひそかにこの戦争にパイロットを派遣していたことがわかっています。戦死したそのパイロットたちの墓が、中国東北部の大連市旅順口区に残されています。

ソ連軍烈士《れっし》陵園《りょうえん》とよばれるソ連の戦没兵を追悼する施設です。一九五五年五月二四日にできました。

四万八〇〇〇平方メートルと、中国の外国人墓地のなかでは最大規模を誇っています。現在の形となったのは一九五五年ですが、もともとは日露戦争で犠牲となったロシア兵を供養するために日本がつくった施設でした。ロシア墓地を改葬して慰霊碑を建立することを決定し、一九〇八年（明治四一年）三月に完成しました。

そのあと墓地は拡張され、日中戦争や朝鮮戦争で亡くなったソ連の軍人とその家族などの墓が一三二三基、合計二〇三〇名が埋葬された巨大な墓地となりました。パイロットの墓には、朝鮮戦争で亡くなったことは書かれていませんが、「友人のために亡くなった」

と、それを示唆する文字が刻まれています。

ここは長いあいだ、外国人は入れない場所でしたが、数年前に開放されました。朝鮮戦争がソ連とアメリカの代理戦争でもあったことを物語る墓地だといっていいでしょう。

休戦交渉を提案したのは、そのソ連でした。開戦から約一年後の一九五一年六月二三日のことです。その後、朝鮮戦争は、戦争と休戦交渉が並行して進むという不思議な様相を帯びることになります。

李承晩大統領も、ついに休戦に同意しました（一九五三年七月二七日）

同じ年の七月から、開城《ケソン》で休戦のための会談が始まります。会談はその後、板門店で行われました。北朝鮮側からは朝鮮人民軍と、中国人民義勇軍、そして韓国側からは韓国軍と国連軍の代表が参加しました。

双方の主張は並行線をたどりましたが、戦況はすでに膠着状態になり、消耗戦となっていました。五二年一一月にはアメリカでアイゼンハワーが新大統領に選出されました。五三年三月には、朝鮮戦争の影の主役だったソ連の最高指導者スターリンが死去したこともあり、休戦の動きは強まっていきます。

問題は、休戦ラインをどこに定めるかでした。中国と北朝鮮は、北緯三八度線とするよう求めましたが、実際に双方がにらみあっていたラインを「軍事境界ライン」とすることで合意しました。その南北に二キロずつの非武装地帯にすることにしました。

　さらに捕虜の交換についても合意しました。「自分たちだけでも戦争をつづける」と言い張っていた韓国の李承晩《イスンマン》大統領は、最後まで休戦に反対しましたが、双方が歩み寄り、ついに一九五三年七月二七日に国連軍、北朝鮮、中国のあいだで休戦協定が調印されました。ただ、李承晩は休戦協定にサインしませんでした（くわしくは233ページ参照）。

　こうして休戦の提案があってから、約二年もの期間、戦闘がつづきました。そして最終的に数百万人もの人命が犠牲になった末に、ようやく休戦が成立したのです。

1953年7月27日、朝鮮の板門店で休戦協定に署名する両軍代表（アメリカ国防総省）

もういちど朝鮮戦争が起きたら、それは必ず「破滅的」なものとなります

現在、北朝鮮による核兵器の開発と、それをのせるための弾道ミサイルの開発がとまりません。

「いったいどうすればいいのですか。また朝鮮戦争が起きるのではないですか」

そういう質問を私もたくさん受けます。基本的には現在の北朝鮮の最高指導者である金《キム》正恩《ジョンウン》の意向次第ですが、大きく分けて五つの可能性があると思います。

①　このまま北朝鮮が核とミサイルの開発をつづけて対立が高まり、どこかの時点でアメリカが実力行使に出る

②　いったん開発は凍結されて、話しあいが進む

③　北朝鮮が交換条件をつけて、核とミサイルの放棄にいたる

④　北朝鮮内で政権交代が行われ、軍事拡張路線が放棄される

⑤　アメリカが北朝鮮を核保有国と暗黙に認め、平和協定をむすぶ

もちろん③や④が望ましい道ですが、いまのところ、可能性は低いでしょう。

とすると、①か②ということになります。この点について、経験豊富な軍人であるアメリカのマティス国防相が、二〇一七年五月二八日のCBSテレビとのインタビューで、次のように話していました。

マティスは、核ミサイル開発をつづける北朝鮮は「アメリカにとって直接的な脅威だ」としたうえで、アメリカは外交的な手段で情勢の打開を目ざすが、万が一、軍事衝突が起きれば「大半の人々にとって一生のうちでもっとも破滅的な戦争」になるだろうと警告しました。

その理由についてマティスは、北朝鮮がもつ数百の野砲やロケット砲が「地球上でもっとも人口が密集した都市のひとつであるソウルを射程に収めているからだ」と指摘しています。

またその脅威は、日米韓だけでなく、中国、ロシアにも及ぶと指摘しました。ただ、北朝鮮に対して「レッドライン（越えてはならない一線）」を引くことはしないとも話し、軍事行動についての言及をさけました。

ジェームズ・マティス（1950-）　第26代アメリカ合衆国国防長官（アメリカ国務省ホームページ）

マティスは、北朝鮮が大陸間弾道ミサイル（ＩＣＢＭ）搭載可能な水素爆弾実験を成功させたと主張した後に、記者団に対して、北朝鮮がアメリカや同盟国への脅威となるなら「巨大な軍事行動」で反応すると、軍事行動の可能性を示して警告したこともあります。（二〇一七年九月三日）

アメリカのジョンズ・ホプキンス大学は、北朝鮮とアメリカのあいだで軍事衝突が起き、北朝鮮がソウルと東京を核攻撃（二五キロトン）で攻撃した場合、最大で二一〇万人が死亡、七七〇万人が負傷するとの推計を発表しています。

ここまで事態がもつれ緊張が高まった原因としては、さまざまな解説が可能でしょう。

しかし、**問題が深刻化しているからこそ、朝鮮戦争の原点に返って、東アジアの安全保障体制や北朝鮮との向きあい方を考えなければいけない時期にきていると私は思います。**

朝鮮戦争略年表

1950. 6.25	北緯38度線を越えて北朝鮮軍が侵攻
. 6.26	（米東部時間25日）国連安保理事会が北朝鮮軍の攻撃中止と撤退勧告を決議
. 6.28	（米東部時間27日）国連安保理が、韓国への軍事支援を決議 ソウル陥落 韓国側が漢江にかかる橋を相次いで爆破
. 7. 7	トルーマン米大統領、マッカーサーを国連軍司令官に任命
. 7. 7	朝鮮国連軍(アメリカ、イギリス、オーストラリアなど)を結成
. 7.14	韓国が作戦指揮権（operational command）を国連軍に委任
. 7.25	東京に朝鮮国連軍司令部設置
. 9.15	仁川上陸作戦成功、戦況が逆転
. 9.27	国連軍、ソウル奪還
.10. 1	韓国軍、38度線突破
.10. 9	国連軍、38度線突破し、進撃
.10.20	国連軍、平壌を制圧
.10.25	中国人民義勇軍、北朝鮮を支援するため参戦
.12. 6	中国・北朝鮮軍、平壌を奪還
1951. 1. 4	中国・北朝鮮軍、ソウル再奪還
. 3.14	国連軍、ソウル再奪回、38度線付近で膠着状態
. 4.11	マッカーサー解任
. 6.23	ソ連の国連代表が休戦を提唱
1952. 6.23	米軍が中朝国境の鴨緑江にかかる水豊ダムを爆撃
1951. 7.27	板門店で国連軍と北朝鮮、中国の間で休戦協定調印

第4章
朝鮮戦争と日本の戦争協力

第二次大戦後、日本のすぐ隣の国で起きたのが朝鮮戦争でした。その後、休戦となったまま、対立の構図は現在までつづいています。日本は戦闘の重要な後方支援基地となり、日本人がひそかに前線にかり出されていました。

1952年、米軍供与のバズーカ砲の訓練を受ける警察予備隊員（「昭和史第14巻 講和・独立」毎日新聞社）

前章では、朝鮮戦争の推移についてご説明しました。日本のすぐ目と鼻の先で、こんなに大規模な戦争が起き、多くの人が犠牲になったことに、改めて驚かれたかもしれません。でも、本書にとって本当に重要なのはここからなのです。

というのも、**この朝鮮戦争で生まれた日米間の軍事協力関係が、日本の安全保障体制の基礎となり、今日までつづいているからです。その事実を知らなければ、過去の歴史を理解することも、未来を語ることもできません。**そのことについて、これからできるかぎりわかりやすく説明していきたいと思います。

自衛隊の前身である「警察予備隊」は、軍隊であって軍隊ではありませんでした

日本では朝鮮戦争の開戦直後から、めまぐるしい動きが起きていました。それは敗戦によって武装解除されていた日本の「再軍備」に向けた動きです。

一九五〇年七月八日には、マッカーサーの有名なメモが発表されます。七万五〇〇〇人の警察予備隊の創設と、八〇〇〇人の海上保安庁の増員を吉田首相に指令する内容でした。

このマッカーサーのメモは、警察予備隊を国内の暴動などに備えるための「治安警察

隊」と位置づけていました。そのため警察予備隊という巨大な武装組織が、なんと国会での論議もなしに、「ポツダム政令*註」によってつくられることになったのです。

その理由は、前章で説明した朝鮮戦争でした。日本に駐留していた七万五〇〇〇人の米兵が、みな朝鮮半島に出撃してしまったため、カラになった米軍基地に配備するために必要だったのです。

この警察予備隊への最初の隊員募集は、一九五〇年八月二三日を第一回の入隊日として緊急に開始されました。受付は八月一三日から始まり、四日後の八月一七日から約一カ月間、全国一八三カ所で試験が行われるというあわただしさでした。

警察官の月給が約四〇〇〇円だった時代

1950年7月、警察予備隊創設。隊員の服装点検が行われる朝礼（共同通信社提供）

に、月給約五〇〇〇円で、しかも定期的な昇給が約束され、衣食住もついていました。しかも任期満了になる二年後には、六万円の退職金が出るという、考えられないような好条件だったのです。

＊註　ポツダム政令とは、ポツダム宣言を根拠として発せられた緊急勅令《ちょくれい》にもとづく政令の総称です。占領軍の要求にかかわる事項に限定されてはいましたが、立法手続きなしに法令の改廃や制定を行うことができる、いわば超法規的な力をもっていました。

警察予備隊の募集に合格した人たちの行き先は、警察ではなく米軍キャンプでした

ですから七万五〇〇〇人の定員に対し、募集開始からわずか三日間で、約一六万六〇〇〇人もの応募があったのも当然でしょう。応募者は、小学校などの会場で学科、身体検査、面接、指紋採取、写真撮影を受け、早い人はその日のうちに合格が決まりました。合格者はいったん各地区の警察学校に入校しましたが、その後、米兵のいなくなった米軍基地へひそかに移動させられ、軍事訓練が行われました。

警察予備隊とは名ばかりで、促成栽培で軍人の育成が行われたのです。

この警察予備隊に第一期生として入隊し、六〇歳で防衛庁を退職した佐藤守男は、

> 「行先も知らされず、特別仕立ての専用列車に乗せられた隊員たちは、一様に不安なようすを隠しきれなかった。**到着したと思ったら、そこはほとんどが米軍のキャンプであった。そして、米軍の下士官が突然に現れて、明日から訓練を実施するといわれても、まるで狐につままれたような感じであった**」（『警察予備隊と再軍備への道』芙蓉書房出版）

と回想しています。

戦術に関する講義も行われ、米軍の教本が日本語に訳されて使われました。軍であることを隠すため、「戦車」という単語は「特車」に、「歩兵、工兵、砲兵」は「普通科、施設科、特科」とよんでごまかしていました。

「軍ではあるが軍ではない」という矛盾した存在だった警察予備隊は、このあとおかしな現象をあちこちで引き起こしていくことになります。

朝鮮半島への在日米軍の兵力投入は、泥縄式で行われました

しかし、なぜマッカーサーは、日本の再軍備をそのようにアタフタと進めたのでしょうか。

それは北朝鮮による怒濤《どとう》のような韓国への侵攻が原因でした。朝鮮戦争開戦からわずか二カ月ほどで、韓国の国土の九五％を北朝鮮軍に奪われたため、反攻するには朝鮮半島に近い、在日米軍の地上部隊を大規模に投入するしかありませんでした。本国からの派兵には、どうしても数カ月の時間がかかるからです。

このときの事情を、警察予備隊の創設に携わったGHQのフランク・コワルスキー大佐が書き残しています。

「［朝鮮戦争の開戦から］一週間を混乱と躊躇《ちゅうちょ》のうちに過ごしたマッカーサー元帥は、彼にとって悲劇的な兵力の随時投入方式の攻勢を始めたのである」（『日本再軍備・米軍事顧問団幕僚長の記録』中公文庫）

まず、九州に配備されていた第二四師団が朝鮮半島に送られました。空白となった九州には、関西に展開していた第二五師団が配備されましたが、一九五〇年の七月一八日までに朝鮮半島に送られました。このように次々に米軍が日本からいなくなり、すでに日本軍が完全に武装解除されていた日本列島は、防衛力の空白地帯となってしまったのです。

この事態を受けて、

「彼〔マッカーサー〕はポツダム宣言に反し、日本国憲法にうたわれた崇高な精神をほごにし、本国政府よりほとんど協力を得ずして、日本の再軍備に踏み切ったのである」（同前）

とコワルスキーは怒りをこめて書いています。

日本国民が警察予備隊の創設意図を十分把握できないまま、八月一〇日には警察予備隊令が公布、施行されました。警察予備隊についてコワルスキーは、上司から「将来の日本陸軍の基礎となるものだ」というはっきりした説明を受けており、割り切れない思いを抱いていました。

フランク・コワルスキー（1903-1975）　米国日本占領軍軍事顧問団本部幕僚長（アメリカ合衆国政府）

アメリカは日本を反共産主義陣営に引き入れるため、早期に独立させる必要に迫られました

同時に、アメリカは日本の独立を急がせます。一九五〇年九月八日にトルーマン大統領は、対日講話条件などを記した政策文書NSC六〇／一を承認します。この文書をもとに、一一月には「対日講和七原則」が発表されました。

その主要なポイントは、

一　沖縄は、アメリカを施政権者とする国連の信託統治下におく
二　国連軍が実効性をもつまで、アメリカなどの軍隊の日本への駐留を条約で認める
三　対日賠償請求権の放棄
四　日本の国連加盟は〔前向きに〕検討される

などでした。翌一九五一年一月から、日米両国間の交渉が本格的に始まります。

敗戦後、ポツダム宣言の受諾によって日本軍は解体され、日本国憲法の第九条によって

軍備を正式に放棄し、平和と民主主義の国家として再出発することになりました。

しかし、冷戦が深刻化するなかで、アメリカの日本占領政策が、武装を解除した「平和国家」の育成から、反共産主義陣営の軍事同盟に組みこむ路線へと次第に変化していったのです。

とくに一九四九年、中華人民共和国が成立し、さらに翌年朝鮮戦争が勃発すると、マッカーサーは姿勢をがらりとかえました。日本の自衛権を肯定し、独自の軍備を所持することを認めて、警察予備隊の設置を吉田茂首相に指示したのです。同時に進歩的な労働運動や共産党の活動については弾圧するようになりました。

またアメリカは日本を反共勢力の一員とするため、ソ連の反対を押し切って早期に独立させ、主権回復をはかりました。その結果、一九五一年九月のサンフランシスコ講和会議の開催と平和条約の締結が実現したのです。同時にアメリカとの軍事同盟である日米安全保障条約も結ばれ、日本はアジア太平洋地域におけるアメリカの同盟国として国際社会に復帰することとなりました。

警察予備隊は、占領終結後の一九五二年一〇月に保安隊へ改称されます。さらに二年後の一九五四年三月には、日米相互防衛援助協定が結ばれ、日本は「自国の防衛力の増強」を義務づけられることになりました。

これを受けて同年六月には自衛隊法と防衛庁設置法が成立し、翌七月に陸・海・空の三軍を備えた自衛隊および防衛庁が発足して、保安庁（保安隊・警備隊）は廃止となりました。こうして自衛隊は、事実上の軍隊として人員と装備を拡充しながら、現在にいたっています。

思いがけない朝鮮特需が、日本の経済を生き返らせました

日本はマッカーサーの命令によって、朝鮮戦争への後方支援を行っていました。日本の国土は、この戦争のきわめて重要な後方基地となったのです。

朝鮮戦争末期の一九五三年一月時点で、日本には七三三もの米軍施設や土地があり、その面積は全国土の〇・四％と、大阪府に匹敵する広さでした。さらに海上に設けられた演習場は九州とほぼ同じ広さでした（『日本資本主義講座　戦後日本の政治と経済　第二巻』岩波書店）。日本国中、あらゆるところに米軍の基地や演習場があったのです。

日本の米軍基地から朝鮮半島への出撃回数は空軍、海軍、海兵隊をふくめ計一〇〇万回近くにおよび、爆弾の投下量は七〇万トンに達していました。（『一九七〇年代と日本の軍事基

地化』新日本新書）

また、いわゆる朝鮮戦争特需によって、第二次大戦で疲弊していた日本経済が復活します。

一九五〇～五三年までの四年間に生じた特需は二三～二四億ドルという巨額のものでした。（『昭和財政史 第三巻―終戦から講和まで』大蔵省財政史室編　東洋経済新報社）

当時首相だった吉田茂は、朝鮮戦争の報を聞いて「天《てん》佑《ゆう》（天の助け）」だと語ったと伝えられていますが、経済的にはまさにそのとおりだったのです。＊註

日本はこの時期に、敗戦によって立ち遅れていた技術を最新のものにかえ、アメリカ式の大量生産方式を取り入れました。たとえば日本を代表する企業であるトヨタ自動車は、もっとも朝鮮戦争の恩恵を受けた企業だったといえるでしょう。

＊註　この発言は問題発言として、昭和二八年六月の国会で追及されています。

朝鮮戦争の特需景気。米軍の注文で、照明弾の製造に大忙しの神奈川県内の工場（朝日新聞社提供）

人員整理を迫られ、倒産の危機にあったトヨタも息を吹き返しました

戦後、トヨタは売りあげ不振と売掛金の回収の遅れによって資金繰りに苦しみ、大量の人員整理に迫られていました。一九四九年の一二月には、年末資金二億円の調達に失敗すれば、あわや倒産かという危機に陥ったこともあります。

銀行からの融資を取りつけ、かろうじて倒産はまぬがれましたが、大量の人員整理を迫られました。一方、それに反対する労働組合のストや職場放棄、抗議集会が相次ぎ、一九五〇年六月五日には、創業者の豊田喜一郎社長ら経営陣が全員退陣する事態となりました。そのとき権限を委任されたのが、後のトヨタ自動車販売社長である神谷正太郎でした。

ところが、そんな六月二五日、韓国で戦争が始まったのです。このニュースを聞いた神谷は「日本経済復活の天佑神助《てんゆうしんじょ》〔天や神の助けのこと〕を期待する」と語ったと伝えられます。

米軍から日本への受注物資は、主に繊維関係と重工業製品でした。**なかでも軍用車の整備や、沖縄での米軍基地の建設は、軍需産業を復活させる契機となりました。**日本はトヨ

タだけでなく、日産、いすず、東洋陶器（現・ＴＯＴＯ）など、自動車や工業製品をつくる企業が大きな恩恵を受け、経済再建への重要な基盤を築きました。

朝鮮戦争は、日本からの後方支援がなければ米軍の負けになったでしょう

そのようにして、日本から米軍への戦争協力がひそかに進んでいきました。まずは物資面での協力です。全体像はいまだにはっきりしていないのですが、その一端は、一九四七年九月に設置された総理府の外局、「特別調達庁」の記録から、うかがい知ることができます。

占領下における連合国軍の基地の設営や役務（労働力）の調達は、外務省管理下の終戦連絡事務局や、都道府県、戦災復興院、公益営団などがになっていました。しかし、業務の増大に対処し一元化をはかる目的で、この「特別調達庁」が設立されました。

特別調達庁は一九四八年末で定員が一万一五六七人と、政府関連機関としては最大規模でした。全国に六七の監督官事務所を設置し、米軍の要請に応えていたのです。

一九五二年四月に、戦後初の駐日アメリカ大使となったロバート・マーフィーは著書

『軍人のなかの外交官』(鹿島研究所出版会)で、

「日本人は、驚くべき速さで、彼らの四つの島を巨大な補給倉庫にかえてしまった。このことがなかったらならば、朝鮮戦争は戦うことができなかったはずである」

と書き残しています。

参考までに、東京特別調達局の契約部と技術部が扱った調達品目をあげてみましょう。**兵器、運輸、木材、木製品、家具、繊維製品、日用品、金属製品、瓦、顔料、暖房器具、煉瓦、化学用品、冷蔵庫、台所用品、新聞など、ありとあらゆるものに広がっていました。「日本で調達できないものはない」といわれていたのもよくわかります。**戦争の進展によって調達する内容もかわっていきました。

この調達庁の活動を克明に記録した『占領軍調達史一』(占領軍調達史編纂委員会)によれば、朝鮮戦争勃発直後の一九五〇年七月から翌年六月までの一年間、日本からの調達物資は、

「野戦食料、兵器、部品、有刺鉄条網柱、有刺鉄線、トラック、ジープ用帆布、航空機用燃料タンク、自動車修理」

などが中核を占めていました。特需の額は三二九万ドルにのぼっていました。

まさに日本の後方支援が、朝鮮戦争を強力に支えていたことがわかります。

日本からの調達物資の移りかわりをみると戦況がわかります

開戦から二年目の一九五一年七月から翌五二年六月までは、戦局が膠着《こうちゃく》し、休戦交渉も始まった時期にあたります。特需の額はほぼ同じで推移しましたが、確保した陣地にしっかりとした基地を建設する時期だったので、調達物資は「石炭、木材、セメント、組みたて家屋」などに移っていきました。役務（労働力）では「自動車修理」が上位を占めていました。

休戦にいたる一九五二年七月から五三年六月までは、それまでの最大規模の特需が舞いこみました。金額は四七六万ドルで、砲弾を中心とした兵器のほか、休戦協定締結にともなう米軍の再配置、航空基地の強化といった建設工事が飛躍的にふえました。石炭、セメントの需要が拡大し、軍用機械の修理と兵器修理の需要も急増したのです。

こうして日本経済のなかに、朝鮮戦争を支援する体制と、それにともなう巨大な需要が組みこまれていきました。

地方の港は好況にわき、国鉄や海運会社は兵士や物資の運送について全面的に協力しました。

特別調達庁はその後、再編をへて防衛施設庁となりました。現在は防衛省の地方協力局と地方協力本部に、その業務が引きつがれています。

朝鮮戦争は遠い対岸の戦争ではありませんでした。最前線には日本人も派遣されていたのです

「日本は戦後七〇年間、戦場でひとりも殺し、殺されることがなかった」

といわれることがよくあります。とくにリベラル系の人びとが好むフレーズです。

「だから平和憲法を改悪してはいけない」と。

しかし、これはただの「神話」にすぎないのです。朝鮮戦争当時、最前線で日本人が戦闘に参加し、死者も出ています。あくまで自衛のためですが、朝鮮戦争の戦場で武器をとっていた日本人もいたと考えられています。問題なのは、当時この事実がまったく秘密にされていたことです。

望まない戦争に日本が巻きこまれるのではないかという恐れについては、戦後一貫して語られてきました。安倍晋三首相が二〇一五年五月、安全保障法制の関連法案が閣議決定された直後の記者会見でこう語っています。

「きわめて限定的に、集団的自衛権を行使できることと致しました。それでもなお、『アメリカの戦争に巻きこまれるのではないか』〔という〕漠然とした不安をおもちの方もいらっしゃるかもしれません。その不安をおもちの方に、ここで、はっきりと申しあげます。そのようなことは絶対にあり得ません」

そして、

「日米同盟が完全に機能することを世界に発信することによって、抑止力はさらに高まり、日本が攻撃を受ける可能性は一層なくなっていく」

とも説明しました。

ところが、安倍首相のいう「攻撃を受ける可能性」はなくなるどころか、年々高まっています。ミサイルと核開発をやめない北朝鮮、さらにはイスラム国（ＩＳ）の存在もあります。トランプ米大統領は、安全保障上、日本のいっそうの貢献を求めています。巻きこまれる不安は解消にはほど遠いのが現状です。

機雷の除去作業では日本人に死者も出ていましたが、それは秘密にされました

戦後長らく、朝鮮戦争に参戦した日本人のことは封印されていましたが、自衛隊の国際貢献が叫ばれるなか、最近はタブーでなくなってきました。

「占領軍調達史」によると一九五一年一月までのあいだに、これらの労働者のなかから三八一人の死傷者、つまり戦死者、戦傷者が出ていると書かれています。細かな内訳も記録されています、それによると、

㈠ 特殊港湾荷役者＝業務上死亡一人、業務上疾病七九人、その他二一人、（うち死亡者三人をふくむ）。計一〇一人。

㈡ 特殊船員＝業務上死亡二二人、業務上疾病二〇人、私傷死四人[*註]、私傷病二〇八人の計二五四人。

㈢ その他朝鮮海域等において特殊輸送業務に従事中死亡した者二六人（港湾荷役四人、船員二二人）。

当時日本は、アメリカの占領下にありました。アメリカ側の命令によって、労働者が意のままに動かされていたのです。なかには驚くことに、はっきりした用意もなしに戦場に連れていかれた人たちもいました。

＊註　公務中に受けた負傷による死亡。

「日本特別掃海隊《そうかい》」の存在は、防衛省のウェブサイトでも公表されています

防衛省の研究機関である防衛研究所（東京）は、ウェブサイト上に、日本と朝鮮戦争のかかわりに関する同研究所の論文を集めた特集ページをつくっています。「日本の貢献」「再軍備」「日本に及ぼした影響」の三部に分かれており、計一一本の論文が閲覧できます。この本を書くにあたっても大いに参考にさせていただきました。

そのなかで「朝鮮海域に出撃した日本特別掃海隊―その光と影―」（鈴木英隆著）という論文を中心にして、なぜ敗戦直後、厭戦ムードが強かった日本人が朝鮮戦争にかり出され

たのかを、みてみましょう。

まず敗戦後、日本の近海に日本海軍が敷設した係維《けいい》機雷[*註1]が約五万五〇〇〇個と、米軍がB－29および潜水艦によって敷設した感応《かんのう》機雷[*註2]の約六五〇〇個が残されていました。

機雷が浮かんだ海では、船の正常な航行はできません。機雷の掃海（除去）作業は日本海軍が第二次大戦の終戦前から行っており、戦後も海上保安庁に引きつがれていました。

一九四五年一〇月には艦船三四八隻、人員約一万人が掃海作業に動員され、作業の進展にしたがって段階的に縮小されていきます。一九五〇年六月には七九隻まで減っていました。そんなときに、朝鮮戦争が起きたのです。

＊註1　海底に設置した係維器からワイヤーを伸ばして機雷とつなぐタイプのもの。
＊註2　艦船が航行するとき発生する磁気変化や航走雑音、水圧の変化などの物理現象を検出して爆発するタイプのもの。

日本は機雷の除去の経験が豊かで、朝鮮半島の地理にも明るかったのです

開戦直後の七月一〇日、ソ連のウラジオストックから、ソ連製の機雷が東海岸の鉄道に

乗せられ南方に輸送されました。約四〇〇〇個のソ連製の機雷が北朝鮮に搬入されて各地に運ばれ、元山《ウォンサン》や南浦《ナムポ》といった北朝鮮の重要な港周辺に、敷設されました。また、北朝鮮は敷設海域を海州《ヘジュ》、仁川《インチョン》、群山《グンサン》に拡大していきます。その結果、

「九月二六日から一〇月二日までの一週間のあいだ、朝鮮半島東海岸で触雷によりアメリカ掃海艇一隻が沈没、アメリカ駆逐艦、韓国掃海艇等四隻が大破し、機雷の脅威が大きく見なおされることになる」のです。（同前）

そこでこの海域にくわしく、掃海作業の経験が豊富な日本の海上保安庁の掃海部隊に白羽の矢が立ったのでした。この部隊は東京湾口、銚子沖、佐世保港外をふくめ、日本の沿岸航路や瀬戸内海の掃海作業に従事していました。

1950年10月、北朝鮮の元山港での掃海作業中、機雷に触れて爆発する韓国の掃海艇（アメリカ海軍ホームページ）

仁川につづいて元山への上陸を計画した米軍は、海中の機雷を取り除く必要がありました

仁川上陸作戦が劇的な成果をあげてから半月あまりたった一〇月二日、米極東海軍参謀副長アーレイ・バーク少将は、海上保安庁長官の大久保武雄に「至急会いたい」と連絡し、極東海軍司令部によびました。

バーク少将は、第二次戦争中に日本軍と激しく戦い、日本人に対してきびしい感情をもっていました。しかし、日本に赴任してから徐々に考え方をかえ、海上自衛隊の発足に尽力した人物です。死去し、埋葬されたとき、棺の中のバークは、日本から送られた勲章である旭日大綬章だけをつけていたというエピソードもあります。

大久保は、バーク少将と旧知の仲でした。そのバーク少将は、極東海軍司令部に来た大久保の手を握って、作戦室に案内しました。朝鮮戦争の現状を説明するためでした。

北朝鮮は、国連軍の上陸を防ぐため主要な港に機雷を敷設してい

大久保武雄（1903-1996）　初代海上保安庁長官、労働大臣を歴任（共同通信社）

ました。一方、アメリカを中心とした国連軍は掃海《そうかい》能力が低く、悩みの種だったのです。

そこでバーク少将は、

「国連軍が困難に遭遇した今日、日本掃海艇の助力を借りるしか方法がない。日本掃海隊は優秀で、私は深く信頼している」

と窮状を訴え、日本に掃海隊の派遣を求めたのです。これは大久保が、自著『海鳴りの日々──かくされた戦後史の断層』（海洋問題研究会）で初めて明らかにしたことです。

「国連軍への協力は日本の方針だ」と、吉田首相は掃海部隊の戦地派遣に同意しました

驚いた大久保は、米軍からの申し出を吉田茂首相に報告しました。朝鮮半島の海域は戦争地域であり、掃海は戦闘行為に該当します。そこにいきなり「行ってくれ」というのですから、自分で判断できなかったのも当然でしょう。

海上保安庁は非軍事部隊でしたが、出動には一応の根拠がありました。一九四五年九月三日の連合国最高司令官指令第二号です。

この指令には、

「日本と朝鮮の水域における機雷の掃海は日本が行うこと」

とあったのです[*註]。

もちろんそれは、朝鮮戦争を想定したものではありません。第二次大戦で残された機雷の処理が目的でした。

しかし、日本は当時アメリカの占領下にあり、マッカーサー元帥の命令には逆らえません。吉田首相は大久保長官に対し「国連軍に協力するのは日本の方針だ」と答え、海上保安庁の掃海艇をアメリカ海軍の希望どおり派遣することが決まりました。ただし憲法違反であることは明らかだったため、派遣の事実は公表しないことになったのです。

形式を整えるため、山崎猛運輸大臣が海上保安庁長官に対し、特別掃海隊の朝鮮水域派遣を命令しました。第七管区、第五管区などから掃海艇二〇隻が集められ、「特別掃海隊」が編成されました。

作業中は通常の倍の給料が支給されることになりました。さらに、基本的に北緯三八度線以南の海域で、しかも戦闘が行われていない港湾を選んで掃海することや、掃海艇の安全を十分考慮し、事故があった場合は政府が乗員の身分、給与、補償を十分に行うことも申しあわせられました。

＊註　連合国最高司令官指令第二号「日本帝国大本営は一切の掃海艇が所定の武装解除の措置を実行し、所要の燃料を補給し、掃海任務に利用し得る如く保存すべし。日本国および朝鮮水域における水中機雷は連合国最高司令官の指定海軍代表者により指示にしたがい、除去されるべし」

「独立のために、この試練を乗り越えよう」と大久保長官は訴えました

大久保長官は、出発する特別掃海隊の指揮官に対してこう激励しました。

「日本が独立するためには、私たちはこの試練を乗り越えて国際貢献をかちとらねばならない。後世の日本の歴史は必ず諸君の行動を評価してくれるものと信ずる」

「日本が認められるためには、国際貢献が欠かせない」

どこかで聞いた覚えはありませんか。この論理は安倍首相が好んで使うものです。

たとえば二〇一七年の所信表明演説で、彼はこうよびかけています。

「平和のため黙々と汗を流す自衛隊の姿を、世界が称賛し、感謝し、頼りにしています。あたえられた任務を全力で全うする彼らは、日本国民の誇りであります。

テロ、難民、貧困、感染症。世界的な課題は深刻さを増しています。こうした現実から、わが国だけが目を背けるようなことは、あってはなりません。いまこそ、『積極的平和主義』の旗を高く掲げ、世界の平和と繁栄のため、皆さん、能《あた》うかぎりの貢献をしていこうではありませんか」

「平和のため」「日本のため」というスローガンは、いつの時代でも国民を戦争に巻きこむフレーズとして使われることを忘れてはいけないでしょう。

掃海部隊に話を戻しましょう。行き先もはっきりせず、戦闘が行われても不思議ではない海域に秘密裡に出動した部隊に、その後、最悪の事態が発生しました。爆発した機雷によって日本人の隊員一人が亡くなってしまったのです。

二カ月間の掃海で、特別掃海隊の死者は一人、負傷者一八人を出しました

日本の特別掃海隊は一〇月からの約二カ月間、元山、群山、仁川、海州、鎮南浦《チンナンポ》の朝鮮海域で掃海を進めました。その間も、米軍は軍艦が機雷に接触し、多くの人命を失いました。

一〇月一七日、日本掃海艇ＭＳ一四号が朝鮮半島北部の興湾で機雷に触れて沈没してしまいます。米軍などが二二人を救出したのですが、炊事長だった中谷坂太郎が行方不明となり、そのほかにも重軽傷者一八人を出してしまいました。

同日夕、旗艦「ゆうちどり」で緊急対策会議が開かれ、各艇長からは、

「米軍の戦争にこれ以上巻きこまれたくない。掃海をやめて日本に帰るべきだ」

「出港前の下関における総指揮官の説明とは話が違う」

と不満が爆発しましたが、米軍側（前進任務部隊指揮官スミス少将）からは、

「予定のとおり速やかに掃海を実施せよ」

との命令が出されました。

安全対策を申し入れた日本側に対し、スミス少将は、

「日本掃海艇三隻は一五分以内に内地に帰れ。そうでなければ一五分以内に出港して掃海にかかれ。出港しなければ撃つ」

と言い放ちました。

約束が違うと、一部の掃海部隊は命令を無視して日本に帰ってしまいました

掃海に参加していた能勢省吾《のせしょうご》は手記のなかで、スミス少将の言葉に対し、

「砲撃するとは何事ぞ、と内心憤激すると共に『撃つなら撃ってみろ』という気持になり、即刻出港して日本に帰ろうと決心したのであった。米軍の指揮下にあって米軍作戦命令に違反しての行動をとろうとするのであるから、後の処罰については、もちろん覚悟のことであった」

と書き残しています。結局、能勢が率いる第二掃海隊三隻は日本に帰国してしまったのです。


この帰国の原因について、「朝鮮海域に出撃した日本特別掃海隊」の筆者である元防衛研究所戦史部主任研究官の鈴木英隆は、

「米現地指揮官が日本特別掃海隊隊員のおかれた立場をよく認識せず、何ら処置をしなかったことである」

と同情的に書いています。スミス少将の言葉は誤訳されており「砲撃する」という言葉

はなかったとの説もあります。いずれにせよ現場は混乱していました。

大久保長官は、一〇月三一日、特別掃海隊の田村久三総指揮官とともに、首相官邸に岡崎官房長官を訪ねました。掃海作業中に死者が出たことを受けて、掃海をつづけるか「政府の最高方針を承りたい」と切り出しました。

岡崎長官は吉田首相からの伝言だとして、次のように話します。

「日本政府としては、国連軍に対して全面的に協力し、これによって講和条約をわが国に有利に導かねばならない」

まるで人的被害が出たことが、当時アメリカとのあいだできびしい交渉がつづいていた講和条約の締結に向けて有利に働くかのような口ぶりでした。

吉田茂（1878-1967）　第45代、第48-51代内閣総理大臣（首相官邸ホームページ）

機雷掃海は、あっぱれな成果どころか、黒い影におおわれた「成果」となりました

その後、大久保長官は米極東海軍司令部にジョイ司令官を訪れ、掃海艇三隻が日本に引き返したことを詫び、責任者の処分を約束しました。

こうして一二月になり、秘密裏に進められてきた掃海は終わりました。

「約四〇〇キロの水路と約六〇〇〇平方キロの泊地を掃海し、機雷二七個を処分し、国連軍の行動の自由を確保した」

と大久保は自著で書いていますが、内心忸怩《じくじ》たるものがあったのはまちがいありません。いくら大きな成果をあげても、世間に公表できなかったのですから。

一二月五日、大久保長官は目黒にあった迎賓館に吉田首相を訪ねました。日本特別掃海隊の任務が終わり、各隊が下関に帰投したので、一二月九日に隊員を集めて慰労の式をあげることを報告しました。

吉田首相は、メガネ越しの目を細めて、「隊員をねぎらってくれ」と言って硯《すずり》を引き寄せ、

「諸君の行動は国際社会に参加せんとする日本の行く手に、光をあたえるものであった」

との直筆によるねぎらいを大久保長官に託したのでした。

また七日には、米極東海軍のジョイ司令官が日本特別掃海隊の功績をたたえて、大久保長官に対し、

「ウェルダン　天晴れ、まことによくやってくださいました」

という賞賛をおくっていますが、その実態は「晴れ」とはほど遠い、暗い影におおわれ

た成果だったといわざるをえないでしょう。

吉田首相は、掃海部隊の被害について「現在記憶にございません」とシラを切りました

一方、掃海作業で死者が出ていたことが、日本の新聞で報道されます。それは約三年後の一九五四年一月一八日のことでした。記事には、元山上陸作戦で掃海中の海上保安庁掃海艇一隻が触雷沈没し、戦死者一人を出したと正確な内容が書かれていました。

野党はこれを問題視し、国会で追及します。一月三〇日の衆議院本会議各党代表質問で、共産党の川上貫市議員が質問に立ちました。少し長いのですが、引用してみます。

「私はここで、吉田内閣が過去幾年の久しきにわたり、平和を念願する方法ではなく、アメリカのために戦争の拡大に協力した事実を指摘しなければならぬ。すなわち、**朝鮮戦争のさいに吉田内閣は直接これに参加しておきながら**、その事実を、**国会においても、また国民に向かっても秘密にして来たということは、総理大臣御自身がいちばんよく知っておられると思う。**

しかるに、今日にいたって、元山上陸作戦には海上保安隊の掃海艇のほとんど全部が参加して、その一隻が沈没しておるという事実が報道されております。私は、これは単なる報道かと思うておりましたら、当時の国連軍最高司令官であったマッカーサー元帥の最近の表明によって、このことははっきりと裏づけせられたのであります。

総理大臣は、今日この事実をお認めになるかどうか。また、このような重大な事実を、今日まで国会にも国民の前にもひた隠しに隠しておき、国民の耳目を欺いたことに対して、どういう責任を考えておられるかどうか。総理大臣として、本当に国際緊張の緩和を望まれ、平和を念願するといわれるのであれば、このいっさいの事実をここで明白にし、政府の責任をはっきりと明らかにされるべきであると私は考えます」

これに対して吉田首相は、

「掃海艇が沈没した、マッカーサー元帥云々《うんぬん》といわれるのでありますから、マッカーサー元帥が日本におられるときのことであろうと思いますが、私には現在記憶がございません」

とシラを切っていました。

命がけの掃海作業に対しては、アメリカから多くの見返りが用意されていました

日本人による掃海作業が、朝鮮戦争の戦況にどんな影響をあたえたかは、はっきりわからないものの、アメリカ側によい印象をあたえたのはまちがいないでしょう。命令に迅速に答え、秘密をまもって勤勉に掃海作業にあたったからです。

日本の高い掃海能力を示したという点も、意義があったといえるでしょう。

日本に対しては、すでに七万五〇〇〇人からなる警察予備隊の創設と、海上保安庁の八〇〇〇人の増員が認められていましたが、**掃海部隊の派遣後には、フリゲート艦（巡洋艦と駆逐艦の中間クラスであり、比較的小型・高速で、哨戒や偵察などの任務を主とする艦艇）一八隻をアメリカから日本に貸与することが決まり、日本の海上自衛隊で使えるようになりました。**

渡米した大久保長官は、巡視船の速力、トン数制限の撤廃、大砲の搭載、米フリゲート艦の提供、浮遊機雷監視用航空機の保持等─装備の強化について国防省の了解をとりつけました。その後、大型上陸支援艇（ＬＳＳＬ）も貸与され、海上兵力の再整備がスタート

を切ったのです。

その後アメリカは、日本の独立に向けた交渉に本腰を入れていきます。日本を再軍備させたうえで、自分たちの陣営に引き入れたいという思惑でした。

翌一九五一年一月には、平和条約締結の交渉担当者となったダレスの使節団が訪日し、日本側と会談を重ねます。

一方、マッカーサーは三月二四日、朝鮮戦争に関して中国本土への核攻撃も辞さない考えを表明し、四月一一日にトルーマン大統領から解任されてしまいます。

マッカーサーの後任として新たに赴任したリッジウェイ司令官の指揮のもと、国連軍は一連の再反撃作戦を展開し、五月には再度三八度線以南を確保するようになりました。

ダレス特使（中央）と吉田茂首相（右）。1951年1月、ダレス一行と日本の政財界の代表者とのパーティーで（共同通信社提供）

朝鮮戦争と日本の関係について、もう一度考えてみましょう

アメリカの外交政策立案者で、ソ連の封じこめを柱とするアメリカの冷戦政策を計画し

たジョージ・ケナンは、

「朝鮮戦争は、日本の安全保障問題を全面的に、根本からかえてしまった。非武装化され、軍事的にも中立化された日本という夢はもはや消え去った」

とのべています。日本は、反共軍事体制の中核としての地位を占めることになったのです。

サンフランシスコ講和会議をめぐり、一九四七年ごろから日本の国論は二分されていました。吉田茂内閣はアメリカの提案にそって、西側陣営のみと講和し、中国、ソ連との交渉はあとまわしにするという、「単独講和」を進めました。社会党や共産党などは全面講和を主張し、対立しました。

当時日本の有識者層のあいだでは、「全面」講和論が優勢でした。それは日本政府にとっても無視できない影響力をもっており、一九五〇年五月、吉田首相が「全面」講和論を説く南原繁・東京大学総長に対して、

「永世中立とか全面講和などということは、言うべくしてとうてい行われないこと」

であり、

「それを南原総長などが政治家の領域に立ちいってかれこれ言うことは、曲学《きょくがく》阿世《あせい》の徒《やから》に

ほかならないといえよう」

とやり玉にあげました。

「曲学阿世」は世におもねり、学問を曲げるものという意味で最大限の侮辱言葉です。アメリカにおいても、軍や国防省を中心とする日本長期占領論と、国務省を中心とする早期講和論が対立していましたが、そうしたなかで早期講和論を事実上決定づけたのが、朝鮮戦争の勃発だったのです。

一九五一年のサンフランシスコ平和会議では、四八カ国との講和が行われ、その後日本はサンフランシスコ体制ともいわれる「逆コース」*註を歩むこととなったのです。

*註　日本において民主化に逆行し、再軍備の動きがすすんだことに対し、戦前、戦中に逆戻りするという意味で使われました。具体的には日本共産党への監視強化、教育行政の中央集権化、日米軍事同盟の強化、財閥系企業の復活、戦前・戦中の指導者の政界復帰などでした。

アメリカから「押しつけられた」のは、まちがいなく再軍備のほうです。

戦後七〇年をすぎた現在、安倍政権は憲法改正の議論を国会によびかけています。改正の根拠として、日本国憲法はアメリカに押しつけられたものであり、憲法九条は独立国家としてふさわしくない、という主張もされてきました。

二〇一七年になって、安倍首相は自衛隊の存在を憲法に明記するとも主張しています。

しかし、歴史的な視点からみれば、日本国憲法は日本の国会での承認という当時の正当な手続きをへて制定されたものであるのに対し、**日本の再軍備こそがアメリカ（GHQ）の指示によって「突然押しつけられたものだ」といってもいいのです。**

日本の再軍備について、少なくともその出発点において国民的な合意が正式な手続きで形成されたことはありませんでした。

一九四九年の中華人民共和国の成立と、一九五〇年からの朝鮮戦争というアジア情勢の急変を受けて、アメリカの対日占領政策が一八〇度転換し、「ポツダム政令」という形の超法規的な形で再軍備が進められたことはすでに説明しました。

朝鮮半島に出兵し、空っぽとなった在日米軍基地を守るために創設されたのが警察予備隊で、兵器や装備は米軍によって供給され、訓練も米軍によって行われました。

警察予備隊は一九五二年一〇月には保安隊に、五四年七月には自衛隊に改組され、再軍備が進みました。この過程で旧軍人の追放が解除され、一九五〇年代半ばには、警察予備隊の上級幹部の五〇%以上が旧陸軍の正規将校出身者で占められるようになりました。

朝鮮戦争は冷戦のスタートとなり、「封じこめ政策」を拡大しました

朝鮮戦争は、また世界の勢力図もかえました。「冷戦」という、その後四〇年間もつづく戦後世界の基本的な枠組みをつくりあげたのです。

朝鮮戦争を契機として、アメリカは「ソ連封じこめ政策」をヨーロッパから世界へと拡大し、軍事力で東西のバランスをとろうとしました。

対日講和担当で、後にアメリカの国務長官となったダレスの「力による平和」路線は、その象徴でした。一九五一年四月二三日、訪日中のダレスは東京で、「恐怖なき平和」と題して講演をしています。

そこでダレスは、

「中立とか不可侵条約とか、友好条約などによって安全保障を求めることがいかに架空なものであるかを示す事例は、歴史にみちている」

「信頼できる唯一の安全保障政策は、侵略者に対し集団的に抵抗する政策だけであり、中立政策は実際において、侵略を容認することを意味するものなのである」

と強調し、反共産主義という自分の立場から、非武装中立論を批判しています。

朝鮮戦争でわかったように、共産圏はアジアにも「ドミノ倒し」のように拡大する危険性がある。だから力で封じこめなければいけないとダレスは指摘したのです。

この目的のためにアメリカは、それまで徹底的に軍事力をもたせないようにしてきた日本とドイツに対して、再軍備を進めることになりました。

アメリカは朝鮮戦争をきっかけにアジアに介入しはじめました

韓国は、朝鮮戦争において、アメリカ主導による国連の安全保障措置にもとづき、国連加盟国一六カ国から戦闘部隊を、五カ国から医療支援部隊を、そして二〇カ国から戦争物資の支援を受けました。

なかでもアメリカは陸軍の第八軍、極東海軍、極東空軍など、参戦した全兵力の九〇％にあたる部隊を朝鮮戦争に投入しました。韓国を救ううえで決定的な役割をしています。

朝鮮戦争当時、在韓米軍は最大三〇万の兵力を維持し、のべ一七八万人以上が朝鮮戦争に参戦しました。韓国軍に次いでもっとも多い、三万七〇〇〇人の戦死者と一〇万人以上の負傷者を出しています。

戦争勃発直後から韓国軍は、米軍からの軍事援助（装備や物資）により戦争を遂行し、部隊の増強なども行いました。米軍から軍事訓練も受けています。

朝鮮戦争の休戦以降は、米韓相互防衛条約と対韓経済および軍事援助に関する合意議事録に署名し、アメリカから経済と軍事面の援助を受けるようになっています。

朝鮮戦争が起きるまでアメリカは、二つの原則をもっていました。まず東アジアで圧倒的な力をもつ「覇権国」は認めない。つぎに、決して地上軍をアジア大陸には投入しないとの原則です。

太平洋戦争においても、蔣介石がアメリカに地上軍を中国大陸に派遣してほしいと要求しましたが、それを一貫して拒否しています。

朝鮮戦争は、その意味で、アメリカがアジアに介入するきっかけとなったのです。

日本はいまも、休戦中である朝鮮半島への後方支援で重要な役割をはたしています

朝鮮戦争に米軍および国連軍が参戦し、日本は国連軍の主要な軍事基地としての役割をはたしたことはすでに説明しました。アメリカは在日米軍基地を全面的に活用し、韓国に対する軍事支援や軍事演習などを大々的に実施しました。

国連軍は兵士たちを日本で訓練させ、戦場へ投入しました。空からの攻撃のための航空機の出撃基地も嘉手納《かでな》や立川など、一六ヵ所もありました。これらの基地はまた、横田、調布、入間《いるま》、座間《ざま》などの主要な補給基地を結んでいました。

それからすでに七〇年近くがたちましたが、朝鮮戦争はまだ終わっていません。あくまで休戦状態です。この間、日本の安全保障体制は、質的に大きくかわりました。ソ連の崩壊を受けて、日米の同盟体制が警戒対象とするのは中国と北朝鮮、最近では国際的にテロを行うイスラム過激派も視野に入っています。

現在日本には、約五万人の在日米軍が駐留しています。そして日本の自衛隊と在日米軍

は、有事のさいには協調して作戦を展開することになります。

安保関連法の成立によって、日本は自国が攻撃を受けていなくても、米軍とともに海外で戦争ができる国になりました。これは朝鮮戦争が起きたとき、アメリカの軍部が望んだ理想の姿なのです。

朝鮮戦争のとき、日本政府に対して十分な情報提供はありませんでした

日本は朝鮮戦争に幅広く協力していました。しかし、当時日本はアメリカの占領下におかれていたため、その実態には不明な部分が多く残されています。

埼玉県に住む山崎静雄さんは国会議員秘書として安全保障、外交問題に関する調査を担当していました。

朝鮮戦争に関心をもち、福岡、佐世保、呉《くれ》など、関連していた自治体の県史や市史をていねいに調べ、どんな協力があったのかを調べあげ『史実で語る朝鮮戦争協力の全容』（本の泉社）にまとめました。

この本から一例をあげておきましょう。

福岡の米軍板付基地で、朝鮮戦争勃発の四日後である六月二九日、「正体不明の飛行機が接近した」として突然、灯火管制が敷かれ、米軍から拡声器付きトラックが出動し、住民に警戒をよびかけたそうです。

灯火管制の地域は福岡・門司・小倉・戸畑・八幡・佐世保まで広範囲にわたりました。**驚くことに、「対岸の火事」であるはずの朝鮮戦争の最中に、日本でも灯火管制が敷かれていたのです。灯火管制の理由について説明はありませんでした。**

一九五二年六月には、アメリカが中朝国境の鴨緑江《おうりょくこう》にかけられている「水豊《すいほう》ダム」という大型ダムを攻撃したことがあります。日本が植民地支配していた時代に建設した施設で、現在

建設中の水豊ダム（「昭和史 別巻１－日本植民地史」毎日新聞社）

も稼働しています。

この攻撃については、朝鮮半島の範囲を超えており、戦線を拡大しすぎだという批判が起きました。そして中国が日本に報復攻撃するのではないかという噂が広がり、空襲の被害を防ぐため、日本の各地にある米軍基地周辺で灯火管制が敷かれました。理由のわからない灯火管制は、基地周辺住民の不安を増幅させました。

日本政府は国連軍（米軍）の動きに神経をとがらせていました。日本に駐屯する国連軍が、どんな軍事作戦をとっているのか情報を提供してほしいと水面下でアメリカ側に働きかけていたことが、最近解禁された日本の外交文書から確認されました。

それは、二〇一三年に外務省が公開した外交文書です。一九五二年一〇月、日本側が国連軍関係者に、

「万一満州〔現中国東北部〕に爆撃が行われれば、中国共産党から報復爆撃を受ける危険がある」

として、日本の基地を拠点にした軍事行動を起こすさいには、日本側に事前通報するよう求めた記述がありました。しかし、アメリカ側は応じなかったとみられます。**再び朝鮮半島が戦争状態になることは考えたくありませんが、日本側に十分な情報提供があるとはとても考えられません。**

「私は朝鮮戦争に従軍した」といまでも証言している日本人がいます

元東京府中市議の三宮克己さんは、九〇歳をすぎてからも、朝鮮戦争当時の自分の体験を語りました。三宮さんは戦車揚陸艦（ＬＳＴ）の乗組員として、戦争動員されたそうです。参戦を命令したのは、山崎猛運輸大臣でした。

三宮さんはもともと北朝鮮で生まれ、韓国南部の鎮海《チネ》で敗戦を迎え日本に帰国しました。それからは日本兵の復員支援にあたりました。一九五〇年の朝鮮戦争勃発後は、日本から韓国への物資輸送に携わりました。朝鮮半島の地形にくわしいことが買われたのです。

さらに、国連軍の仁川上陸作戦に参加するよう求められたそうですが、当時はこの作戦のことは絶対秘密でした。このため**「オレンジ地点」「バナナ地点」と暗号の地名だけ教えられ、そこに人員と物資を送り届けたのです。**

戦争において後方支援は、比較的安全だといわれることが多いのです。最前線にいるわけではないからです。しかし三宮さんは「安全だと思うのはまちがいだ」と指摘します。後方支援は、人員、食料、弾薬など戦争遂行に必要な物資すべてを用意し、前線まで送り届けるのが職務ですから、敵側からねらわれるのは同じです。

朝鮮戦争と日本のかかわりを研究し、『朝鮮戦争と日本』（新幹社）をまとめた共愛学園前橋国際大学の大沼久夫教授は、ＬＳＴに乗って朝鮮戦争に協力した日本人船員は、約一万人にのぼるとみています。そして日本政府に対し「朝鮮戦争に関連する文書を積極的に公開してほしい」と話しています。

『史実で語る朝鮮戦争協力の全容』の著者、山崎静雄さんは、

「当時日本は朝鮮戦争に精神的な支援をすると説明されていたのに、現実には物資も体も提供していました。これは日本の憲法に反することでした。ところがだれがどういう形で協力を指示したのかをはっきり示す記録がほとんどないのです。わざと記録を残さなかったのかもしれません」

と私に語ってくれました。

第5章
韓国軍の指揮権は、なぜ米軍がもっているのか

アメリカ軍は、戦時に韓国の軍隊を指揮する権利をもっています。もともとそれは朝鮮戦争のさなかに委任されたものでしたが、その後、韓国政府は、それを取り戻そうと努力をつづけています。その点が、北朝鮮や中国の脅威を理由に、アメリカ軍との一体化を急ぐ日本の姿とは大きく違っています。

国連旗を掲げて漢江をパトロールする米軍艦（在韓米軍ホームページ）

二〇一〇年、延坪島《ヨンピョンド》に北朝鮮からの砲撃を受けた韓国は、十分な反撃ができませんでした。それは、いったいなぜだったのでしょう

私の目の前にあるコンピュータの画面に、砲撃を受けて燃え上がる島の写真が次々に映しだされました。それが韓国の西岸沖、北朝鮮との海上の国境線（ＮＬＬ）沿いにある延坪島だということは、すぐにわかりました。この島には一般の市民も住んでおり、砲弾はその民家も容赦なく直撃していました。島全体から大きな黒い煙が立ち上がり、民間人と韓国軍海兵隊員にも死者が出ていました。

二〇一〇年一一月二三日午後二時すぎのことです。

私はたまたまこの日、東京新聞の東京本社で内勤をしていました。

大型画面のコンピュータの前に座って、海外の特派員や通信社から送ってくる記事を見ながら、内容を手直しし、最新の情勢を盛りこんで、新聞紙面に掲載する形にする仕事です。

朝鮮半島をもう二〇年以上も観察しつづけている私は、よほどのことがなければ驚かな

いことにしています。この半島にある二つの国のあいだには、これまでも戦争や爆破テロ、韓国大統領府襲撃事件など、ありとあらゆる出来事が起きていたからです。しかし、北朝鮮が韓国の延坪島を砲撃したこの事件には、さすがに強い恐怖を感じました。「北朝鮮が韓国の領土に向かって、直接攻撃を加えたのか！」

「これは戦争になるかもしれない。日本にも重大な影響が出るだろう」

と思ったからです。

北朝鮮側は、二回に分け、約一五〇発の砲弾を撃ち、七〇発が島に着弾しました。一方、韓国側は陸軍のK－9自走砲が反撃したものの、一部が途中で故障してしまったため、ほぼ一方的に攻撃され、八〇発の反撃を加えるのがやっとでした。

2010年11月23日、北朝鮮の砲撃を受ける延坪島（韓国軍ホームページ）

反撃のために出撃した韓国の主力戦闘機は、なにもせずそのまま帰還しました

この砲撃戦を、ソウルの韓国大統領府の地下にある国家危機管理センターから、じりじりした気持ちでみていた人がいました。李明博《イミョンバク》大統領です。事件が起きた二三日、李大統領は砲撃の状況を聞きながら、

「なぜ〔韓国軍は〕大砲だけを撃っているのか。出撃した戦闘機が〔北朝鮮を〕爆撃することはできないのか」

と関係者に聞いたというのです。これは韓国の新聞が伝えた内容です。

実は北朝鮮側の砲撃が終了したあと、韓国側は空軍の主力戦闘機（F－15KとKF－16）を出撃させ、反撃を試みようとしていました。ところがなにもしないまま、韓国側にただ引き返してきたのです。いったいそれは、なぜだったのでしょうか。

同じころ、アメリカ政府の高官たちは、韓国政府の高官に懸命に電話をかけていました。北朝鮮との戦争になることを防ぐためでした。

この年の三月には、韓国の哨戒艦「天安」が沈没し、多くの若い軍人が命を落としまし

た。原因は北朝鮮の潜水艦によるものとされていました。そこに今度は砲撃です。「当初韓国が計画した〔延坪島砲撃への〕報復攻撃には、空爆と砲撃がふくまれており、〔それは〕アメリカから見れば不均衡に攻撃的だった」(『イラク・アフガン戦争の真実　ゲーツ国防長官回顧録』朝日新聞出版)

と当時のゲーツ国防長官はのべています。

つまり、このとき韓国側が激しい反撃をすると、戦線が拡大し、全面戦争に発展してしまうのではないかとアメリカ側が心配したのです。同書によれば、**オバマ大統領やクリントン国務長官、そしてゲーツ国防長官自身も直接、韓国側への説得にあたった**そうです。そのため、ようやく韓国側は戦闘機による爆撃を思いとどまり、砲撃を加えてきた砲台をねらった攻撃だけにとどめたのです。

韓国軍は、有事のさいに独自の判断で動けないことになっているのです

戦闘機からの反撃ができなかった理由は、アメリカからの電話だけではありませんでした。

韓国には、北朝鮮と戦闘状態となった場合のルールを定めた独自の「交戦規則」があったからです。交戦規則そのものは一九五三年に国連が定めたものですが、韓国は北朝鮮との準戦時体制にあるという特殊事情から、独自のルールをそこに加えているのです。

それは、

「相手から攻撃を受けた場合、警告を放送で行ったあと、対等な武器体系によって二〜三倍のレベルで反撃する」

というルールです。紛争の急激なエスカレートを防ぐため、たとえ砲撃を受けた場合でも、一定の歯どめをかけていたのです。

しかしこの交戦規則は延坪島への砲撃事件のあと、国民の批判を受けて大幅に見なおされることになりました。安全保障上の観点から、そのくわしい内容は公表されていないのですが、民間人への攻撃があった場合は、現場の判断により、「航空機も使い、三〜五倍レベルによる徹底した反撃」を認めるという内容だといわれています。

最大の問題は、軍を動かす権利（指揮権＝作戦統制権）をだれがもっているかでした

北朝鮮からの攻撃に受け身になった決定的な理由は、戦時における韓国軍の指揮権が韓国にないことでした。

この「軍隊を指揮する権利」を韓国では現在、「作戦統制権」とよんでいることは、すでに第一章でお話ししました。

それは、軍事作戦をたて、命令を発し、軍を動かしていく権限のことです。この権限は、通常ひとりの司令官のもとに集約されます。そうしないと戦争という極限状況のもとでは、大きな混乱を引き起こす結果となるからです。

韓国では憲法上は、大統領が韓国軍全軍の最高指揮官を兼務しています。

けれども現在、戦時のさいの作戦統制権は、米韓連合司令部という組織に委任された状態にあり、戦闘機による爆撃や攻撃を行うためには、その米韓連合司令部の決裁を受けなければならないのです。武器があるのに、自由に使えない。反撃ができないのです。そしてこうした韓国軍の状況をみると、日本の自衛隊についてもその現状がよくわかってくるのです。

「朝鮮国連軍」は、ソ連が欠席するなかで決められた「不完全な国連軍」でした

こういった国と国との紛争について、国連はいったいどこまで介入できるのでしょうか。国連が行う国際紛争の解決については、国連憲章の第六章と第七章を中心に、厳密な手順が定められています。もちろん、最初から武力が使えるわけではありません。

まずは紛争の平和的解決（交渉、仲介、調停など）をはかり（第三三条）、停戦・撤退の要請といった暫定処置（第四〇条）や、経済制裁などの非軍事的措置（第四一条）をとるといったプロセスを経なければなりません。

それでも平和に対する脅威や破壊、侵略に対して、非軍事的な措置だけでは不十分なことが明らかになった場合には、軍事的措置（第四二条）をとることができるとなっています。そしてその武力行使に必要な兵力は、加盟国が安全保障理事会と特別協定を結んで、それぞれ提供するとされています。（第四三条）

提供された兵力は、安保理常任理事国の参謀総長によって構成される「軍事参謀委員会」が関与して作成する計画のもとで動かされます。（第四五・四六・四七条）

本来、こうした手順をきちんとふまえて軍事行動を行う国連指揮下の軍隊が、正規の国連軍です。

ところがそのような正規の国連軍は、これまで一度も編成されたことがありません。

「お前はここまで、朝鮮国連軍が編成されたと書いていたじゃないか」

といわれそうですが、朝鮮国連軍の実態は、いわばアメリカを中心とした多国籍軍に国連旗を使うことを認めただけのものでした。朝鮮戦争の開戦時に、中国の代表権問題をめぐってソ連が安保理を欠席していたため（意図的に欠席していたという説もあります）、そうした緊急避難的な「非正規の国連軍」が、歴史上一回だけ成立してしまったのです。

ここでなにより重要なポイントは、すでにのべたとおり、この**朝鮮国連軍における軍の指揮権は、完全に米軍司令官（開戦当初はマッカーサー）が握っており、国連はいっさいそれに関与できなかったというところです。**そんなものが「正規の国連軍」であるはずがないのです。

この問題に関連し、一九九四年にブトロス・ガリ国連事務総長も、北朝鮮の外相にあてた書簡のなかで「朝鮮国連軍は、安保理が創設したものではなく、アメリカの指揮下におかれる条件で、創設を勧めたにすぎない」として、国連とは直接の関係はないと説明しています。

そして、「それゆえ、朝鮮国連軍の解体は、国連機関の責任ではなく、アメリカの権限に属している」（ガリ）と言いきっています。

安保理での対立をさけるため「平和のための結集決議」が編み出されました

朝鮮戦争の開戦後、安保理に欠席中だったソ連が復帰すると、米ソの意見が食い違い、たちまち安保理は機能しなくなりました。

しかし、いくら安保理が麻痺していても、軍事措置が必要なケースはあります。このため、朝鮮戦争勃発後の一九五〇年一一月に国連総会でアメリカが、安保理のかわりに国連総会が必要な軍事行動をとるための決定ができるという決議を提案しました。

これが「平和のための結集決議」とよばれるものです。五二対五という圧倒的な差で採択されはしましたが、当時は国連憲章の理念から逸脱した決議ではないかとして、賛否両論が起きました。

この決議は、その後の国際紛争と国連の関係を考えるうえで、大きな研究テーマのひとつとなっています。

この決議によって国連が武力行使を「勧告」できることになりました

国連総会には、さまざまな問題について勧告を行う権限があります。たとえば、軍縮と軍備規制、国連の機関の権限と任務に関する問題などです。

「平和のための結集決議」は、その国連総会に新たな権限をあたえました。国際平和への脅威、平和の破壊および侵略行為が存在すると思われるにもかかわらず、常任理事国の全会一致の合意が得られないために安全保障理事会が行動できない場合は、国連総会が「この問題を〔安全保障理事会にまかせずに〕直接検討する」（結集決議の第一項）ことができるのです。

「国際平和への脅威」は、国連が扱う問題のなかでもっとも緊急性が高いものです。しかし現実には、各国の利害が入り乱れ、足並みがそろうことはまれです。

「平和のための結集決議」は、この問題を国連の安保理にかわって、国連総会が討議を行うことを認めるものです。この討議は、国連加盟国の要請を受けて二四時間以内に開催されることとされました。

さらにこの「平和のための結集決議」によって、国連総会が国際の平和と安全を維持または回復するために必要と見なせば、武力の行使をもふくむ措置について議題として取りあげ、加盟国に行動を「勧告」する権限もあたえられました。

安保理で、平和の回復のための措置が「決定」されれば、その決定は「強制力」をもちます。総会の「勧告」はそれより弱いとはいえ、勧告があれば国連加盟国は、それぞれ「待機軍」という軍を設けることを求められることになりました。このように「結集決議」は、それまで安保理が独占していた武力行使についての権限を、一部総会にあたえるという側面をもっていたのです。

ソ連はこの決議について、「平和のための行動〔軍事行動〕は安保理が決めるものだ」と反発しました

すでにのべたとおり、一九五〇年六月に朝鮮戦争が勃発したとき、ソ連は安保理を欠席中でした。このため、他の四カ国が賛成し「朝鮮国連軍」の派遣を決定することができましたが、ソ連はこの年の八月に安保理に復帰しています。このため、アメリカはソ連が拒否権を乱発するのではないかと警戒し、「平和のための結集決議」を実現したのです。

朝鮮戦争当時の国連（加盟六〇カ国）では、社会主義陣営は圧倒的に少数（東欧六カ国のみ）でした。しかも総会では常任理事国といえども、拒否権を使うことは認められていません。ですからこの**「平和のための結集決議」は結果として、ソ連が安保理常任理事国としてもっていた軍事的問題についての拒否権を、事実上消滅させるような効果をもっていました。**

こうして、アメリカは国連憲章の条文を巧みに生かして、国連での主導権を握ったのです。

そのためソ連の代表は、この決議に対して強く反発します。

「平和のための行動〔軍事行動〕がとられるのなら、それは安保理によってのみ可能であり、〔総会の決議は〕安保理の特権を定めた国連憲章の規定に違反する」と主張しました。

しかし結局、この「平和のための結集決議」は採択され、総会も軍事上の問題について意見を表明することができるようになりました。その後、この決議にしたがった緊急総会は、スエズ危機（一九五六年）、ハンガリー動乱（一九五六年）、コンゴ動乱（一九六〇年）、ソ連のアフガニスタン侵攻（一九七九年）などで開かれています。この決議の全文は本書の巻末（310ページ）に掲載しています。

ところがソ連の拒否権を消滅させるはずの結集決議が、逆にアメリカの手足をしばる可能性が出てきました

ところがここで、皮肉なことが起きます。**のちにアメリカ自身が、この決議に消極的になったのです。**

その理由は、もともとこの決議はアメリカがソ連の拒否権を封じこめることをねらったものだったにもかかわらず、アジアやアフリカの国々が国連に大量に加盟してくると、むしろアメリカなど西側諸国にとって不都合な問題についての結集決議が出され、それをとめられなくなる可能性が出てきたのです。

どんな国も、自国の国益や同盟関係にある国との利害関係のなかで行動するものです。国連の枠組みのなかで、各国が公平に「平和のために結集」し、安全を守るため集団で行動するというのは理想論でしかありませんでした。

さらに冷戦の崩壊後は、安保理では事前の根回しによる全会一致が通例となったため、「結集決議」は意義を失ってしまいました。

作戦統制権の委任は、米軍に戦争の前面に出てもらい、北朝鮮を牽制するのがねらいでした

朝鮮戦争に話を戻しましょう。

三章でのべたように、朝鮮戦争が始まってすぐ韓国の李承晩《イスンマン》大統領は、国連軍司令部からの軍事上の指揮を受けるよう丁一権《チョンイルグォン》陸軍総参謀長に口頭で命令をくだしました。そして、ムチオ駐韓アメリカ大使を通じて、

「現在の敵対行為〔戦争状態〕が継続するあいだ、韓国軍の指揮権〔作戦統制権〕を引きわたす」

という内容の書簡（大田《テジョン》協定とよばれます）を一九五〇年七月一四日にマッカーサーに伝えたのです。マッカーサーもこれを受ける書簡を李大統領に送りました。李承晩とマッカーサーの書簡は七月二五日、国連事務総長に伝達されて安保理に提出されました。

これを受けて、朝鮮戦争に参戦した米軍司令官が、韓国軍のすべての部隊を公式に指揮するようになったのは同じ七月二五日のことです。開戦からわずか一カ月で韓国軍と米軍は一体化していたのです。

当時韓国と北朝鮮は、国力と国防力で大きな差がありました。いまでは想像できませんが、ダムや工場などのインフラ、工業施設が多い北朝鮮のほうが、豊かな「先進国」だったのです。ですから韓国単独では、とても北朝鮮とは戦えない状態にありました。

一方の朝鮮国連軍は、「国連軍」という形はとっていたものの、その実態はほとんど米軍でした。軍事力提供国は一六カ国ですが、アメリカ以外のすべてをあわせても、比率は陸軍が一〇％、海軍が七％、空軍はわずか一％にしかならなかったのです。残りはすべて日本などから派遣された米軍でした。韓国はその米軍に指揮権をわたすことで、戦争を指揮してもらうことにしたのです。

1953年、国連旗と一緒に星条旗を掲揚する国連軍
(朝日新聞社提供)

休戦協定が結ばれたあとも、韓国軍の作戦統制権は国連軍司令官がもっていました

第二次大戦後の世界にきわめて大きな影響をあたえた朝鮮戦争ですが、ついに一九五三年七月二七日に休戦協定が結ばれます。けれども休戦となってからも、国連軍司令官は戦時および平時の韓国軍に対する作戦統制権をもちつづけました。

一方、日本では翌一九五四年二月に、日本政府と朝鮮国連軍の派遣国とのあいだで「国連軍地位協定」が結ばれることになりました。それまでは朝鮮国連軍のうち、米軍の兵士にしか法的な特権（日米行政協定にもとづく）が認められておらず、イギリスなどが同様の協定を結ぶよう日本側に求めていたものです。

「国連軍地位協定」なんて、聞いたことがないと驚かれる方も多いでしょう。私も今回、この本を書きながら、初めてくわしく知りました。地位協定といえば、アメリカと日本が結んでいる「日米地位協定」が思い浮かびます。それは日本国内に駐留する米軍についての法的な特権を定めた協定で、大きな問題点のあることが以前から指摘されています。

同じく「国連軍地位協定」も、日本国内で「国連軍」がもつ法的特権について定めた協

定で、現在も有効です。

その「国連軍地位協定」の第五条には、

一．国際連合の軍隊は、日本国における施設（当該施設の運営のため必要な現存の設備、備品及び定着物をふくむ。）で、合同会議を通じて合意されるものを使用することができる。

二．国際連合の軍隊は、合同会議を通じ日本国政府の同意を得て、日本国とアメリカ合衆国とのあいだの安全保障条約にもとづいて、アメリカ合衆国の使用に供せられている施設及び区域を使用することができる。

と書かれています。

回りくどい書き方ですが、つまりは、朝鮮国連軍は日本国内で在日米軍が使用している軍事施設（米軍基地をふくむ）を、同じく使用できると定められているのです。

さらにこの協定に付随する公式議事録の「第五条に関し」の部分には、驚くことが書かれています。

「日本政府が国連軍に提供する施設〔基地〕は、朝鮮における国連軍に対して、十分な兵たん上の支援〔ロジスティック・サポート〕をあたえるため必要な最小限度のものとする」

という記述です。

いったん朝鮮半島で戦争が起こった場合は、日本政府は朝鮮国連軍に対して、弾薬、食糧、医療品などの物資を調達し、兵站《へいたん》支援する法的な義務を負っているということなのです。

第二次朝鮮戦争が起きれば、日本の国連軍基地は重要な活動拠点になります

日本には平和憲法があり、戦争に巻きこまれることはないはずだと思われるかもしれません。しかし、約六〇年前に結ばれたこの国連軍地位協定は、日本を明確に「朝鮮周辺で起こる戦争の後方基地」と位置づけているのです。

この協定については、最近の日本の国会でもたびたび取りあげられています。たとえば二〇一六年五月一一日の参議院、沖縄及び北方問題に関する特別委員会をみてみましょう。沖縄県の県議会議長など要職を務めた儀間《ぎま》光男議員（日本維新の会）が、

「沖縄問題がすぐれて米軍基地問題にあるというなかで、さらに国連軍基地も沖縄にはあったということを知ったときのショックは、大変だったですね」

と認めながら、次のような質問をしています。問題点を率直にただしているので、要約してみましょう。

「朝鮮国連軍、いま韓国に本部があるわけですね。朝鮮の三八度線というのは、まだ戦争、いつでも起きるような状態にあるわけですよ。起こしてほしくないとは思っているんですが、もし朝鮮国連軍が攻撃されそうである、あるいは重要影響事態が発生するということになりますというと、日本にある国連軍も国連基地もそこの枠組みに入っていくわけですよ。ひょっとすると活動拠点になる、〔軍用機が〕離発着する、攻撃に応戦するための。そういうことになったときに、非常に危険な状態にあるというふうに認識をするんですが、必ずしも危険じゃないというふうに言い切れるかどうか」

儀間の質問に対して、岸田文雄外相は、国連軍地位協定は、国連軍の待遇を定めただけの内容であるとして、

「わが国が無制限にこうした紛争に巻きこまれるというものではない」

と答弁しています。「無制限に」巻きこまれることはないと言っているだけで、巻きこまれる可能性については否定していません。

実際、北朝鮮は最近、日本にある米軍基地を攻撃することを示唆する報道をしているのです。たとえば、朝鮮労働党の機関紙『労働新聞（電子版）』は二〇一七年五月二日付の論評で、朝鮮半島で核戦争が起きた場合、

「米軍の兵たん、発進、出撃基地になっている日本が真っ先に〔核爆発による〕放射能雲でおおわれる」

ときびしい調子で指摘しています。

米韓相互防衛条約は、朝鮮戦争の休戦の条件として結ばれたものです

朝鮮戦争の休戦協定について、李承晩大統領はずっとそれに反対の立場をとりつづけ、アメリカとのあいだに摩擦を生みだしました。李大統領は、「李承晩ライン」とよばれる排他的経済水域を独断で公海上に設定し、「違反」した日本の漁船を拿捕《だほ》するなど、反日的な行動でよく知られた人物ですが、アメリカにもかなり強い態度であたっていました。

李大統領は、休戦に抵抗する姿勢をみせながら、その一方、休戦に応じる条件として米韓相互防衛条約の締結を求めました。アメリカと韓国のあいだには一九五〇年一月に締結した米韓軍事協定があったのですが、それはもっぱら韓国に対して北朝鮮へ侵攻させないことを目的としたもので、韓国軍には十分な兵力があたえられていませんでした。

この反省から米韓相互防衛条約には、それが米韓間の相互防衛条約であるとともに、韓国軍の兵力増強が目的であることもはっきり定められていました。また当時、国連軍として活動していた在韓米軍の韓国内での駐留を、引きつづき認める内容もふくんでいたのです。

日米安保条約の目的は、米軍が日本防衛以外の目的で、日本の基地を使うところにありました

アメリカと韓国との同盟関係は、米軍の駐留を認めるなど日米同盟と共通点が多くみられますが、重要な違いもあります。

在韓米軍はもっぱら韓国防衛を使命としていました。

日米同盟は、基本的には、日本への攻撃を未然に防ぐこと、すなわち抑止を大きな目標

としていました。東大教授の久保文明さんはこう表現しています。

「日米同盟においては、日本は、旧条約（一九五一年）の下でも新条約（一九六〇年）の下でも、日本の施政権下でないかぎり、アメリカが攻撃されたときに、アメリカを支援するために戦うことを条約上義務づけられていない。これは、すでに成立していた日本国憲法九条の規定とも関係する。アメリカはこれを受け入れ、きわめて異例な同盟が成立した」（『アメリカにとって同盟とはなにか』日本国際問題研究所監修、中央公論新社）。

憲法九条は、二〇一五年の安全保障関連法成立までは、集団的自衛権を行使できないと解釈されており、日米同盟の性格を限定していました。

そのかわりにアメリカは、日本国内の基地を自由に使用する権利を獲得し、その基地を日本防衛だけでなく、「極東の平和と安全」（第一条）のために使用できるとされていました。最初の旧安保条約は、朝鮮戦争の最中に締結されました。このため、「**朝鮮戦争を戦う米軍がそのまま日本の基地を使用できる状態にしたいと望んだことがその成立の基本的原因**」であり、

「**アメリカのもっとも重要な利益は、日本の基地を日本防衛以外の目的で使用する権利を**

獲得できること」（前掲書）だったのです。

逆に日本は、

「国防としての軍隊をもたず、同盟国の安全保障上の要の位置で基地の役割に徹することで集団安全保障の義務をはたし、これによって安全保障の問題を解消する国家」

つまり「基地国家」として生き残りを図ったともいえるでしょう（『基地国家の誕生』南基正著、ソウル大学出版文化院編）。

国連軍司令部がなくなるかもしれないという危機感が、米韓のあいだに新たな組織を生みました

朝鮮国連軍は、アメリカが中心になって組織し、現在にいたっています。そのため、国連軍司令部のトップは、在韓米軍のトップである陸軍司令官がかねています。国連軍という名はついていますが、その実質は在韓米軍と同じです。

アメリカは、朝鮮戦争以降とくに、ソ連をはじめとする共産圏の拡大を恐れるようになりました。しかし、この七〇年間で世界情勢は大きくかわっています。

まず中国が一九七一年一〇月に国連に加盟したことを受け、「国連の権威」のもとで展

開されていたアメリカの北東アジア政策は根本的な問題に直面しました。朝鮮戦争で戦火を交えた中国との関係改善を迫られたのです。

米中は、一九七一年のキッシンジャー国家安全保障担当補佐官の中国訪問、翌一九七二年二月のニクソン大統領の訪中による米中共同声明。さらにカーター大統領と鄧小平《とうしょうへい》とのあいだの交渉によって、一九七九年に国交正常化が成立しています。こういった流れのなかで中国は、ソ連とも距離をおくようになりました。

米中関係はいまでも時に緊張しますが、国際社会ではお互いの利益を守りながら「協力関係」を築いています。

第二には、韓国と北朝鮮による南北関係が進展したことがあげられます。一九七二年には「七・四南北共同声明」が発表されています。このころから朝鮮半島に関する問題は当事者同士で解決しようという雰囲気が生まれ、国連が朝鮮半島問題に関与する理由をいっそう失わせました。

一九七〇年代以降、国連では共産主義勢力が力をつけていきます。このため国連は朝鮮半島の問題だけに時間をかける余裕を失っていました。

新たに発足した米韓連合司令部が、国連軍から作戦統制権を受けつぎました

朝鮮半島での足がかりを失いたくなかったアメリカは、一九七八年一一月、まず韓国と合意のうえ「米韓連合司令部」を発足させました。韓国軍と在韓米軍を統合指揮する新たな軍事機関です。

国連軍に委任されていた韓国軍の作戦統制権は、米韓連合司令部が継承することとなりました。一九九四年一二月一日、平時作戦統制権は韓国軍に戻されます。それ以来、平時には韓米両国軍の司令官がそれぞれ自国軍を指揮します。しかし**戦争が勃発すれば、在韓米軍司令官が韓国軍を作戦指揮するというシステムになっています。**

作戦統制権は、防衛準備態勢《デフコン》*註が3に上がった段階で、自動的に（戦時）作戦統制権を米軍が手にすることになっています。もちろん作戦の実行には、米韓両国の大統領の合意も必要です。韓国や日本に完全に秘密にしたまま、米軍が軍事行動に出ることは考えにくいものの、緊急事態にはこの手続きが守れない可能性もあります。

アメリカと韓国が、共同で「司令部」を形成して指揮命令系統を統合し、ともに軍事演

習や作戦にあたる。この姿は、日米同盟の未来の姿なのかもしれません。

＊註　「デフェンス・レディネス・コンディション」の略で米軍の「防衛準備態勢」の意味。アメリカ国防総省が定めた軍隊の作戦・戦闘の準備態勢のレベルです、平時の5から戦争準備の1までの5段階に分かれ、1が最高の準備態勢です。

北朝鮮は、朝鮮国連軍の矛盾を突くため、国連を舞台にして活発な駆け引きを行いました。北朝鮮と関係の深かった中国も協力したのです

北朝鮮は国連を舞台に、非正規のプロセスで生まれた「朝鮮国連軍」の司令部が、朝鮮半島の安全保障体制を支えている矛盾を突きはじめます。きっかけはさきほど説明した「米中接近」でした。

北朝鮮指導部は、一九七一年七月、キッシンジャー訪中による米中接近の事実を中国側から伝えられました。突然の関係改善でしたから、ショックを受けたはずですが、中国の決定を支持する立場を明らかにしました。

同じ年の八月六日、金日成《キムイルソン》も、ニクソンの訪中を「中国の勝利」としてたたえ、中国支

持の姿勢を明確にしました。そのうえで、在韓国連軍司令部の解体による在韓米軍の撤退を国連総会で求める意向を、中国側に伝えました。

中国も国連軍司令部の解体をアメリカに提案しました

一九七二年には中国の周恩来《しゅうおんらい》首相が、この問題でアメリカ側と協議を行っています。一九七三年一一月の第二八回国連総会において、「朝鮮半島の救護と再建」の責任をもつ国連朝鮮統一復興委員会（ＵＮＣＵＲＫ）が解体されています。そして翌七四年、中国がアメリカに対して、国連軍司令部の解体を提案しました。

一九七四年三月二五日、北朝鮮の許錟《ホダム》外相は、最高人民会議（第五期第三回会議）において、休戦協定を平和協定にかえる問題を討議することをアメリカ側に正式に提案しました。その後、**北朝鮮は一貫してアメリカに対して、平和協定の締結を求めつづけています。**

重要なことなので、休戦協定についてここでもう一度確認しておきましょう。

一九五三年七月二七日、板門店で、国際連合軍を代表してアメリカ陸軍のウィリアム・ハリソン・Ｊｒ中将と、朝鮮人民軍および中国人民志願軍を代表して南日《ナムイル》・朝鮮人民軍大将がサインした休戦文書を交換し、その一二時間後に戦火がやみました。

これを受けて国連軍総司令官のマーク・W・クラーク大将が韓国の汶山《ムンサン》で、そして中国人民志願軍司令の彭徳懐《ほうとっかい》が三八度線に近い北朝鮮の開城《ケソン》で、朝鮮人民軍最高司令官の金日《キムイル》成《ソン》が北朝鮮の平壌《ピョンヤン》で、それぞれ正式に休戦に合意する旨の署名をしています。なぜ休戦協定の締結が二段階に分けて行われたかというと、彭徳懐と、金日成が休戦協定文書の交換式に参加するのを拒んだためでした。それだけ対立が根深かったということでしょう。

この協定により、

「最終的な平和解決が成立するまで、朝鮮における戦争行為とあらゆる武力行使の完全な停止を保証する」

ことが定められ、現在の軍事境界線が引かれ、非武装地帯が設けられました。双方の軍の現状維持が宣言され、さらに捕虜が相互に引き渡されたのです。

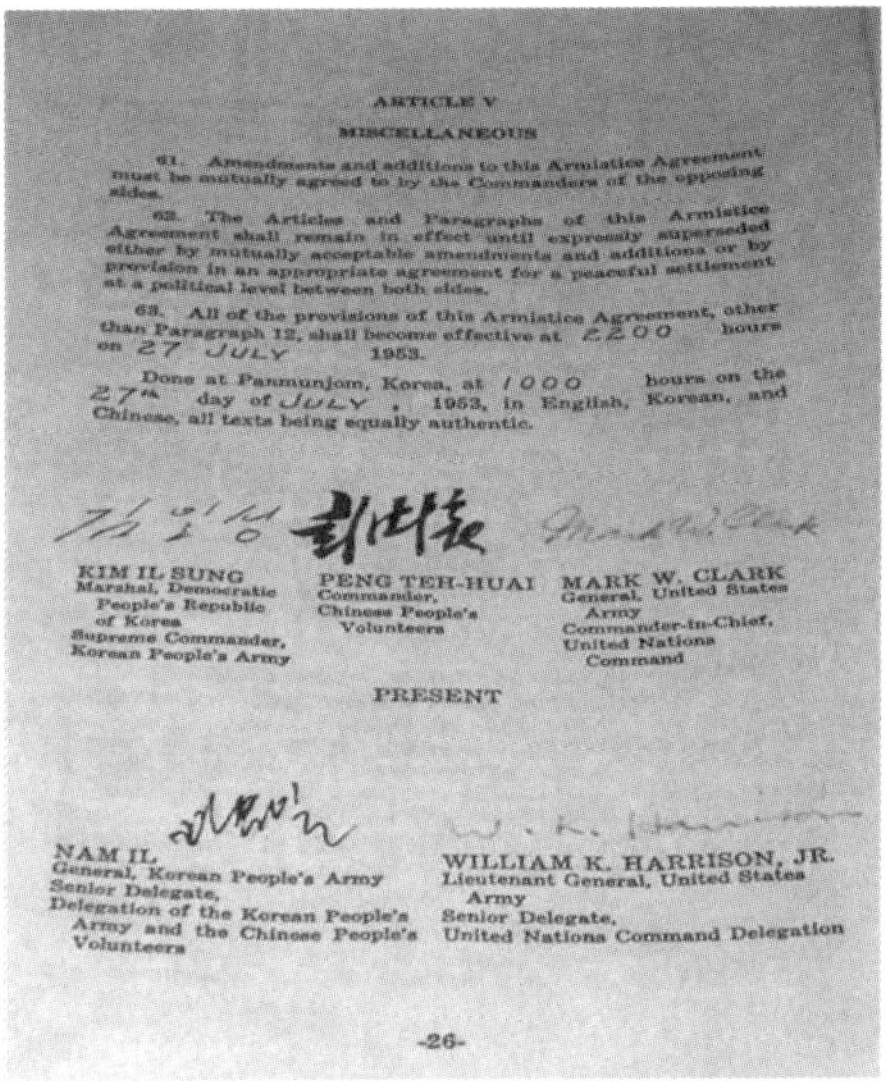
ARTICLE V

MISCELLANEOUS

61. Amendments and additions to this Armistice Agreement must be mutually agreed to by the Commanders of the opposing sides.

62. The Articles and Paragraphs of this Armistice Agreement shall remain in effect until expressly superseded either by mutually acceptable amendments and additions or by provision in an appropriate agreement for a peaceful settlement at a political level between both sides.

63. All of the provisions of this Armistice Agreement, other than Paragraph 12, shall become effective at 2200 hours on 27 JULY 1953.

Done at Panmunjom, Korea, at 1000 hours on the 27th day of JULY, 1953, in English, Korean, and Chinese, all texts being equally authentic.

KIM IL SUNG
Marshal, Democratic People's Republic of Korea
Supreme Commander, Korean People's Army

PENG TEH-HUAI
Commander, Chinese People's Volunteers

MARK W. CLARK
General, United States Army
Commander-in-Chief, United Nations Command

PRESENT

NAM IL
General, Korean People's Army
Senior Delegate,
Delegation of the Korean People's Army and the Chinese People's Volunteers

WILLIAM K. HARRISON, JR.
Lieutenant General, United States Army
Senior Delegate,
United Nations Command Delegation

-26-

協定の正文は「ひとしく効力を有する英語、朝鮮語、及び中国語」（協定第63節）の３カ国語で作成された。写真は英語正文（アメリカ合衆国政府）

北朝鮮がアメリカに平和協定の締結を求める大きな理由に、朝鮮国連軍の存在があります

なぜ北朝鮮は休戦協定を結んだ相手の国連ではなく、アメリカを相手に、休戦協定を平和協定に切りかえるよう求めているのでしょうか。

北朝鮮を長く取材してきた私も、この問題について恥ずかしながら深く考えたことはありませんでした。朝鮮国連軍の主体が米軍だからだろうという程度の理解でしたが、韓国の新聞である『韓国日報』の元記者の李東俊《イドンシュン》さんが書いた本（『未完の平和　米中和解と朝鮮問題の変容　1969～1975年』法政大学出版局）を読んで、ハッと気がつかされました。

そこには「〔北朝鮮が〕国連を〔交渉〕当事者として受け入れることは、自らを『戦犯』として認めることと同義であった」と書いてあります。

北朝鮮独特の論理なのでわかりにくいかもしれませんが、まず国連が一九五〇年七月二七日に採択した決議をもう一度みてみましょう。

それは朝鮮戦争が「北朝鮮からの大韓民国に対する武力攻撃」であり、「平和への侵害」だと断定する内容でした。一方、北朝鮮側は、「敵の侵攻を迎え撃った」（朝鮮戦争勃発時、

金日成のラジオ演説）ということになっているのです。つまり、韓国側が最初に攻めてきたので自衛のためやむをえず応戦したとしています。もちろんこれが嘘であることは、数々の文献から証明されていますが、北朝鮮は国民に対しそう説明しているのです。

平和協定は、戦争の賠償や領土問題の解決などを通じて、当事者間で戦後処理に区切りをつけるための協定です。たとえば日本とロシアのあいだには、まだ平和協定や平和条約がなく、北方領土問題は決着していません。

つまり、国連を相手にして休戦協定交渉を行うとすれば、北朝鮮が韓国を侵攻したということを認めたことになります。これに対して、国連軍司令部を事実上率いるアメリカだけ相手にすれば、朝鮮戦争を「外部からの侵略に対する民族解放戦争」と位置づけることができます。つまり、

「米国を侵略者として糾弾する余地が開かれる。そのことによって北朝鮮は、在韓米軍の撤退を要求するだけでなく、韓国を排除して朝鮮半島における唯一の代表性を誇示することができると読んだのである」（『未完の平和』）

われわれは、北朝鮮が一方的に軍事力を増強しているから危険だと考えますが、北朝鮮

は朝鮮半島に米軍がいるから平和がこない、南北統一ができないという立場です。だから北朝鮮は平和協定締結を、アメリカとの直接交渉を通じて求めつづけているのです。

アメリカが平和協定の締結に応じないのは「国連軍」を手放したくないからです

北朝鮮の最大の望みが、アメリカとの平和協定の締結であることは、これまで何度も触れてきました。これは一見、もっともな主張だと思えるのですが、アメリカは応じていません。

その理由としてアメリカは、北朝鮮が核を放棄するのが先である。もしくは平和協定締結のプロセスに核放棄がふくまれるべきだからと説明しています。北朝鮮は過去に、何回も核凍結の約束を破っていますから、こういう条件は確かに重要です。

しかし、はたしてそれだけでしょうか。**私は実はアメリカが、朝鮮国連軍という存在に付随する法的権利を手放したくないからだとみています。**どういうことか、説明していきます。

北朝鮮は以前、国連の場を利用して、平和協定の締結を求めていた時期がありました。

朝鮮戦争が休戦となって時間がたち、国際情勢が変化して、朝鮮国連軍や朝鮮半島での国連の活動を縮小する動きがあったためです。

一方中国は、国連軍司令部の解体と在韓米軍の撤退を求める北朝鮮の立場を公式には支持しながらも、これを強引に進めることはしませんでした。国連は各国の駆け引きの場です。中国は、この問題でアメリカとの関係を悪くすることは望んでいませんでした。

国連での二つの決議が相打ちとなり、国連軍は存続されることになりました

そんななか、一九七五年の第三〇回国連総会第一委員会に、北朝鮮を支持する側の決議案と、韓国を支持する側の決議案の二つが同時に提出されました。

この二つは「国連軍司令部の解体」という結論部分は同じでしたが、北朝鮮側の決議案は、無条件の司令部解体と、国連軍に属するすべての在韓外国軍の撤退、休戦協定の平和協定への切りかえ、南北両朝鮮間の大幅な相互軍縮を求めていました。

一方、韓国側の決議案は、国連軍司令部の解体に先立って、南北対話の継続、直接関係当事国による休戦協定維持のための適当な措置などを必要条件としており、事実上対立す

る内容でした。

ここで注意していただきたいのは、**韓国側の決議案をみてもわかるように、アメリカはこの一九七五年の時点ですでに、国連軍の撤退はさけられないと考えていたということです。**

激しい論戦の末、一九七五年一〇月二九日に二つの決議案をめぐる採決が行われ、双方とも採択されました。韓国側案は賛成五九、反対五一、棄権二九、北朝鮮側案は賛成五一、反対三八、棄権五〇でした。

内容に共通性があるということで韓国側案は決議三三九〇号A、北朝鮮側案は決議三三九〇号Bとされ、本会議にかけられ、二つの決議案はともに採決にかけられました。

こうして双方の決議をどちらも採択することで、効果が相殺《そうさい》され、現状維持がはかられることになったのです。これは米中合作による異例の採択劇でした。この出来事によって、北朝鮮は国連での問題解決に限界を感じる一方、盟友である中国の姿勢にも強い不満を抱くようになったと伝えられます。

この南北同時決議をきっかけに、北朝鮮はアメリカと直接交渉をして、朝鮮戦争の休戦協定を平和協定にかえることを求めるようになりました。しかしその交渉は、北朝鮮が思うようには進みませんでした。そのため北朝鮮は、核やミサイルの開発によって自国を防衛するという路線をとるようになったものと思われます。

北朝鮮のねらいは、休戦協定を平和協定に切りかえることでした

朝鮮戦争の休戦協定は、北朝鮮軍、中国人民志願軍の両軍と、米軍を主体とする国連軍の三者が署名しており、北朝鮮と中国は協定締結の当事者となっています。ところが中国は一九七一年に、北朝鮮は一九九一年に国連に加盟しました。そのためこの休戦協定は、国連の軍司令官が、二つの国連加盟国の司令官と結んでいるという不自然な形になっています。

思い出してください。国連憲章には、

「すべての加盟国は、その国際紛争を平和的手段によって、国際の平和及び安全並びに正義を危うくしないように解決しなければならない」（二条）

と高らかにうたわれているのです。ところがその**加盟国どうしが「休戦状態」を解決できないまま、七〇年近い歳月を過ごしているのです。**

韓国の著名な作家である韓洪九《ハンホング》は、この休戦協定について、

「奇怪な状況であり、正さなければならない。民族の生存を保障するためにも平和体制に転換することは必須の課題だ」(『韓洪九の韓国現代史　韓国とはどういう国か』平凡社)

と指摘しているのも当然でしょう。

アメリカは休戦協定の平和協定への切りかえは、まず韓国と行うべきだなどとして、相手にしませんでした。しかし、核問題が深刻化するなかで、「北朝鮮の核放棄」を前提に、協議に応じるようになっていきます。

たとえば北京で開かれた核問題をめぐる六者協議では、二〇〇五年九月の第四回会合で五項目の合意が生まれました。北朝鮮がすべての核兵器と核計画を放棄し、国際的な検証に応じる。一方、北朝鮮の求める原子力平和利用の要求は尊重する。アメリカは北朝鮮を核兵器や通常兵器で攻撃することや、侵略する考えのないことを盛りこみました。

さらに合意には、

「直接の当事者は、適当な話しあいの場で、朝鮮半島における恒久的な平和体制について協議する」

というくだりも入り、将来の平和協定の交渉にふくみをもたせました。しかし、その後協議は進みませんでした。

二〇一六年一月に行われた北朝鮮の四回目の核実験の直前に、米朝が協定切りかえについて協議したと『ウォールストリート・ジャーナル』紙が伝え、アメリカ国務省のカービー報道官がそれを認めています。ただ、結果的には決裂しています。

休戦協定が実現すれば、国連軍司令部は解体されることになります

平和協定ができれば、まちがいなく国連軍司令部は解体されるでしょう。国連決議が定めた国連軍の任務は、「朝鮮半島の平和及び休戦協定の履行を遵守し管理する」ことでした。平和協定が結ばれれば、この任務は終わります。

しかし、国連軍司令部がなくなることはアメリカにとっては大変不都合なことなのです、なぜかといえば、**曲がりなりにも国連軍という形をとっている朝鮮国連軍は、非常に使い勝手がよく、新しい存在価値も出てきているからです。**私が本書でもっとも強調したい点のひとつが、そのことなのです。

というのも、国連軍司令部と「国連軍地位協定」によって米軍が保持している戦力は、北朝鮮だけでなく、国連軍と「休戦状態」にある中国に対しても依然として有効だからです。

国連軍司令部は一九五〇年の国連安保理決議にもとづいて設置されたものですから、朝鮮国連軍の朝鮮半島における軍事行動には、イラク戦争での米軍などとは違って、国連安保理の決議を採択するための根回しや駆け引きが基本的にいらないのです。

実は、米軍のそういう本音を、国連軍司令官が公の場で、思わず口に出してしまったこともあります。率直な発言をすることで知られ、たびたび物議をかもしたベル国連軍司令官（兼在韓米軍司令官、在任期間二〇〇六〜〇八年）です。

彼は二〇〇七年一月、ソウル市内の外国人記者クラブで講演し、国連軍司令部が解体された場合、朝鮮戦争の休戦状態が危うくなると指摘しました。さらに、朝鮮国連軍のメリットとして、じつに興味深い言及をしたのです。

結局アメリカの本音は、「日本の基地が使えれば戦力の増員と戦闘能力を持続できる」ということなのです

ベル司令官は、

「**戦力の増員と戦闘持続能力を保障するための核心は、国連軍司令部と日本政府のあいだで合意された『国連軍地位協定』にある。**日本国内の基地の利用は、国連軍司令部の任務

遂行にとって重要だ。国連軍基地を使用することができない場合、われわれは韓国が必要とするアメリカ、あるいは多国籍軍の戦力を迅速に展開することができない」（二〇〇七年一月一八日、韓国聯合ニュース）

とのべ、日本国内の「国連軍基地」の重要性を強調しました。

つまりアメリカが朝鮮国連軍を維持している最大の理由は、米韓軍に対する日本からの軍事支援が法的に可能になる点にあると認めたわけです。

北朝鮮は「アメリカがアジア版ＮＡＴＯをつくろうとしている」と批判しています

アメリカ側のねらいについて、二〇一三年に北朝鮮が「外務省備忘録」として指摘したことがあります。長年この問題に抗議してきているだけに、重要なポイントを突いています。

そのなかで北朝鮮の外務省は、まず国連軍司令部のことを、

パーウェル・ベル（1947-）　在韓米軍司令官
（ソウル新聞提供）

「もともと国連加盟国の総意とはなんの縁もゆかりもなく、国連の名だけを盗用してきた不当な組織である」

と決めつけています。そして、

「アメリカが新たな国防戦略にともない、国連軍司令部を多国籍連合機構に変身させ、アジア版ＮＡＴＯの母体にしようとしている」

と指摘しています。

もちろん国際社会の反対を無視して、核実験を強行し、周辺国を不安にさせている北朝鮮の主張をそのまま受けとることはできません。

しかし、アメリカが強引な海洋進出を進める中国との覇権争いもにらんで、日米韓の軍事的協力体制の強化をはかっていることはまちがいありません。それをうかがわせる発言を、やはり先ほども出てきたベル在韓米軍司令官が二〇〇七年三月七日、アメリカ上院の国防予算聴聞会で行っています。

このときベル司令官は、

「国連軍司令部を恒久的な多国籍連合《コオリション》軍機構として発展させていく」

と、将来構想を語ったのです。この発言は、日本では報道されませんでしたが、

「朝鮮国連軍の未来像を、米軍の高位関係者が初めて明かしたもの」（韓国聯合ニュース）

として大きなニュースになりました。北朝鮮がいうように、アメリカは国連軍の枠組みを生かしてそれを、発展、強化させたいと思っているのです。ベルのおかげで、国連軍司令部という亡霊のような存在に仕込まれたねらいが、はっきりしました。

ただし、それはＮＡＴＯの姿とは少し違います。ＮＡＴＯ加盟国は、一国の侵略に対して加盟国全体で対処するという自動介入条項をもつと同時に、加盟国が勝手に侵略することも不可能な「共同制裁」の仕組みももっています。しかし**アメリカは、北朝鮮と中国に対抗するため、米軍司令官の指揮のもとで機能する「日米韓の軍事協力体制」を強化したいだけなのです。**

韓国では作戦統制権を取り戻そうとする動きが出てきました

旧日米安保条約にくらべて、より対等な立場で結ばれた米韓相互防衛条約（一九五三年）を手にした韓国でしたが、それに満足した人ばかりではありませんでした。

というのは、韓国軍を動かす「作戦統制権（指揮権）」が、米軍側にわたったままだったからです。朝鮮戦争の最中はしかたがなかったにせよ、その後は指揮権がないため、さまざまな不都合が出てきました。

たとえば、アメリカが北朝鮮に対して軍事行動を起こしたら、韓国は自動的に戦争に巻きこまれてしまいます。第二章でみたように、実際にそういうケースが朝鮮戦争休戦後も、何回かあったのです。

ついに韓国側も動き出しました。一九八七年の大統領選挙で「普通の人」をキャッチフレーズにして出馬した盧泰愚《ノテウ》候補は、作戦統制権の韓国への移譲を公約として正式にかかげました。

そして盧泰愚大統領時代の一九八八年初めから、作戦統制権の返還をめぐるアメリカとの交渉が本格的に始まりましたが、なかなか進展はしませんでした。

盧武鉉《ノムヒョン》大統領の求めを受けて、アメリカは逆に戦時の作戦統制権の返還時期を早めました

作戦統制権の返還問題は、庶民派弁護士出身の盧武鉉大統領によって、再び交渉のテーブルに載せられることになりました。平時と戦時*註の二つありますが、アメリカが握っていた戦時の作戦統制権の返還を求めました。一九九二年一〇月、ソウルで開かれた米韓安保

協議会の席上のことです。

盧大統領の意向を受けた尹光雄《ユンクァンウン》国防相が、「返還のための協議」を正式に求めたのに対し、ラムズフェルド国防長官は、

「同意するが、朝鮮半島の平和と安定の促進に役立つとの条件のもとで進めるべきだ」

と慎重な姿勢でした。

それから一〇カ月後に開かれた、長期的な安全保障問題を話しあう「米韓安保政策構想会議」の席上で、**アメリカ側は逆に、二〇〇九年という早期返還を提案して、二〇一二年ごろの返還を見こんでいた韓国側を驚かせたのです。**ではなぜ姿勢をかえたのでしょうか。実はアメリカ側は、米軍再編を視野に入れており、韓国の要求を逆に利用したのでした。

戦時の作戦統制権を返還すれば、アメリカが南北間の緊張に巻きこまれる度合いが減り、最前線にいる米軍兵士の危険を減らすことができます。

さらにはそれを機会に、反米感情の強い韓国にいる部隊を、大幅に縮小することもできます。

＊註　軍を動かす権限である「作戦統制権」は、もともとは状況によって分

ドナルド・ラムズフェルド（1932-）　第13代、第21代アメリカ合衆国国防長官（アメリカ陸軍）

けてはいませんでした。しかし、戦闘状態のない「平時」（ピースタイム・オペレーション・コントロール）と、現に戦闘が行われている「戦時」（ウォータイム・オペレーション・コントロール）に分けて考えられるようになりました。作戦統制権は、平時の5から戦争準備の1までの5段階に分かれている防衛準備態勢《デフコン》が3に上がった段階で、自動的に在韓米軍がもち、韓国軍を指揮することになります。

盧大統領の後をついだ保守系大統領は、戦時作戦統制権の返還延期に動きました

盧武鉉政権下で野党だった保守系のハンナラ党は、逆に戦時作戦統制権の返還延期を党の公約に掲げました。同党の候補として二〇〇七年の大統領選で当選した李明博《イミョンバク》は、積極的に戦時作戦統制権の返還延期に動きます。二〇一二年四月一七日に予定されていた戦時作戦統制権の返還を、二〇一五年一二月に延期することで合意しました。

しかし戦時作戦統制権の返還は、さらに延期されることになります。朴槿恵《パククネ》政権下の二〇一四年一〇月、ヘーゲル米国防長官と韓国の韓《ハン》

李明博（1941-） 第17代大韓民国大統領

民求《ミング》国防相が、アメリカ国防総省で米韓安保協議会を開き、二〇一五年一二月に予定していた在韓米軍から韓国軍への戦時作戦統制権の返還の再延期で正式に合意しました。

将来返還することにはかわりありませんが、北朝鮮の脅威に対処する十分な防衛能力を韓国軍が備えていないというのが延期の理由でした。

戦時作戦統制権が返還されれば、韓国が米軍を指揮するようになります。日本の米軍基地の重要性も高まるでしょう

戦時作戦統制権の返還が実現すれば、いったいどうなるのでしょうか。在韓米軍の役割が大幅に軽減されるため、現在の三万三〇〇〇人体制（トランプ大統領）から、かなり縮小されるでしょう。

さらに**米韓軍が共同で作戦を行うための米韓連合司令部は解体されます。韓国から日本に米軍が軍事機能を集中させる機会となるでしょう。**

ところが、ここで新たな動きが出てきました。

韓米両国が、連合司令部にかわって、韓国軍が米軍を指揮する「未来連合軍司令部」（仮称）を創設することで突如合意したのです。当初は、米韓で別々の司令部をつくるこ

戦時作戦統制権返還後の米韓軍協力体制（推定）

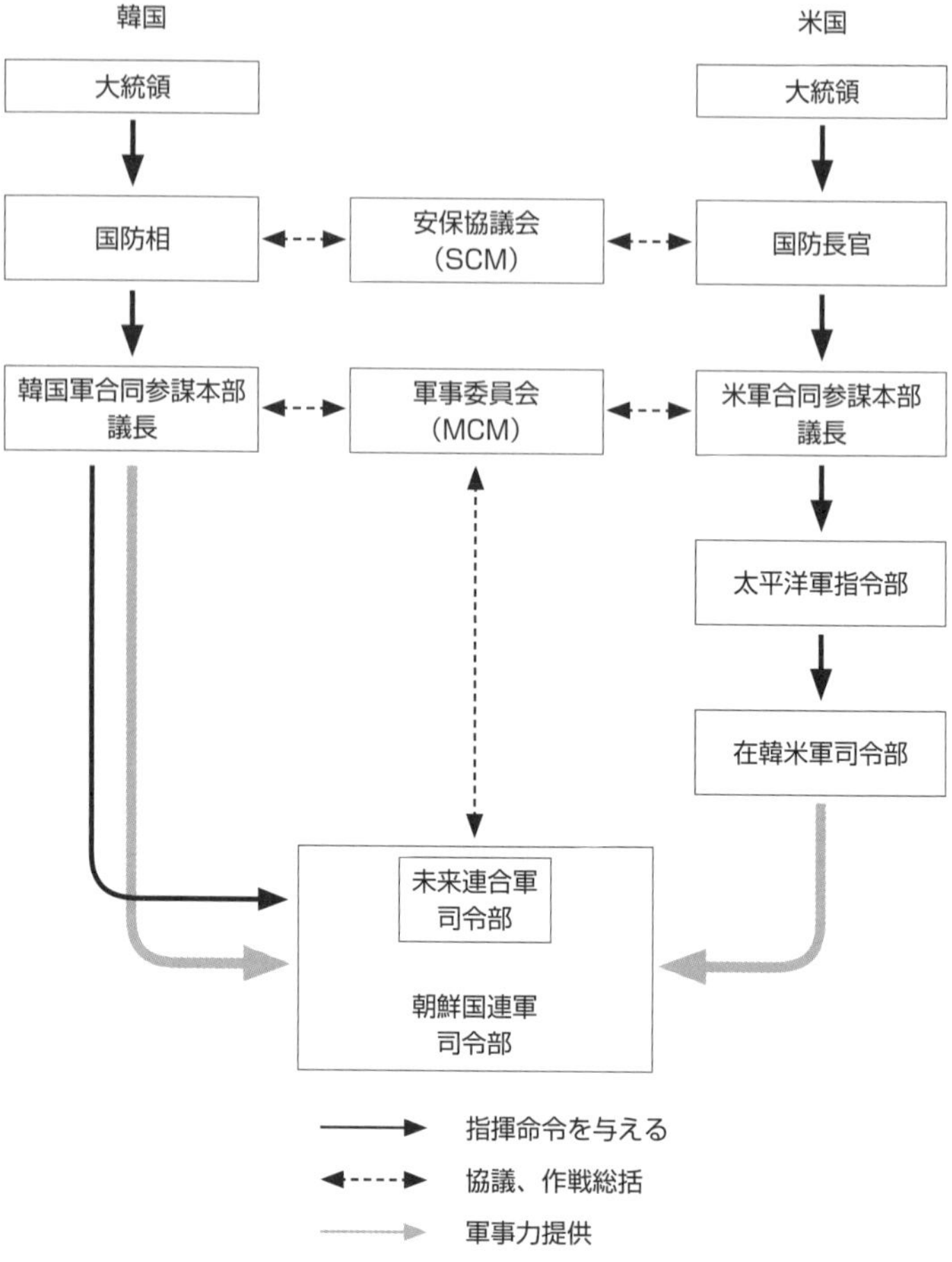

韓国紙・世界日報を参考に作成

とになっていたのですが、有事のさいの軍事的効率性と指揮の統一のため、統合された司令部をつくることになったのだそうです。未来司令部は現在の韓米連合司令部とほぼ同じ形態ですが、韓国軍が司令官（大将）、米軍が副司令官（大将）をそれぞれにないます（右ページ図参照）。

これは韓国の防衛を韓国軍が中心になって行い、それを米軍が援助するという形です。韓国紙の東亜日報は、韓国軍関係者の話として「未来司令部が創設されれば、米軍が史上初めて他国の軍隊の指揮を受けることになる」（二〇一七年七月四日）と伝えました。

対北朝鮮安保を重視する韓国内の保守派に配慮した結果でしょうが、未来司令部がどう機能するかは、まだ想像がつきません。たんなる看板のかけかえにすぎないのか、それとも、本当に韓国軍の司令官が在韓米軍を指揮するようになるのでしょうか。

日本でも戦時の指揮権は米軍側が握ることになっていますが、韓国とちがってその取り決めはすべて密室で結ばれてきました

日本でも、戦時には自衛隊の指揮権を米軍が握るという問題が、独立をめぐる日米交渉のなかでずっと議論されています。韓国では実際に朝鮮戦争が起き、そのなかで公式に米

軍側に委任されたので、国民には隠しようがありませんでした。

その結果韓国では、政権の粘り強い交渉で少しずつ話が進み、とりあえず平時の作戦統制権だけは、韓国に返還されました。

ところが本書の一章で触れたように、日本ではそれは「指揮権密約」という形で、国民の目から隠されつづけてきたのです。

その密約に関するアメリカ側の公文書によれば、一九五二年の七月二三日、吉田茂、岡崎勝男外相、そしてクラーク陸軍大将（朝鮮国連軍司令官）とのあいだで会談が行われ、

「私〔クラーク〕は、わが国政府が有事のさいの軍隊の投入にあたり、指揮権《コマンド》の関係について、日本政府とのあいだに明確な了解が存在することが不可欠であると考えている理由を、かなりくわしく説明した。**吉田氏はすぐに、有事のさいに単一の司令官は不可欠であり、現状の下では、その司令官は合衆国によって任命されるべきである、ということに同意した**」

とあります（左ページ、アメリカ政府公文書参照）。

つまり戦時での指揮権は米軍の司令官にゆだねるとの約束です。しかし日本国民への政治的衝撃を考え、この約束は「当分の間秘密にする」ことも申しあわせていました。

この時点ではまだ、朝鮮戦争がつづいていました。アメリカ側は当然、この二年前に韓

MESSAGE

TOP SECRET
SECURITY INFORMATION
DEPARTMENT OF THE ARMY
STAFF COMMUNICATIONS OFFICE

TOP SECRET

TOP SECRET　　　　PARAPHRASE NOT REQUIRED
OPERATIONAL IMMEDIATE

DECLASSIFIED BY: JCS DECLASSIFICATION BRANCH
DATE 28 Apr 1976

FROM: CINCFE TOKYO JAPAN SGD CLARK

TO : DEPTAR WASH DC FOR JCS

NR : C 52508　　　　260320Z JUL 52

References: A. JCS 912951.
B. DA 913813.
C. C 51823.

1. A. Ref A. I met with Mr Yoshida, Mr Okazaki and Amb Murphy after dinner at my residence on the evening of 23 July. I presented in some detail the reasons why my govt considered it essential that there be a clear understanding with the Jap auths regarding comd relationship in the employment of mil forces in the event of an emergency. Mr Yoshida readily agreed that, in an emergency, a single comdr was essential and that, under current conditions, he should be designated by the US. He further stated that, for the present, such agreement should be kept secret, because of the possible political impact on the Jap people. Murphy and I concurred in that view.

B. Mr Yoshida further agreed that, to the maximum feasible extent, the NPRJ should participate in the planning for their employment and be trained in realistic exercises appropriate for such employment. He desired that procedures nec to accomplish this objective be worked out jointly. He stated he would designate the Jap reps to participate in the joint planning. I designated Gen Hickey as my rep who has subsequently discussed this matter with Mr Okazaki. The Jap reps will be designated and given guidance desired by the Jap auths by not later than 30 July. Joint discussions will begin promptly thereafter.

2. Ref B. The subject of loan of frigates and landing craft was also discussed at the meeting on 23 July (1A above) I agreed that Amb Murphy should conduct the negotiation of this agreement in company with my rep. Rear Adm T C Ragan has been designated as my rep and will participate in all discussions.

3. Ref C. Mr Okazaki has stated to Gen Hickey that the JG would like the issue of heavy equip to NPRJ to begin during the Diet recess, shortly after 1 Aug. I consider it essential that I be prepared to meet the desires of

DA IN 165421　　(26 Jul 52)　　3

OCS FORM 375-4 1 AUG. 51 REPLACES OCS FORM 375-4, 1 MAR 51, WHICH MAY BE USED.

TOP SECRET C. S. FILE COPY

統一指揮権密約　戦時には日本の軍隊が米軍司令官の指揮下に入ることを、吉田首相が口頭で了承したことを証明する機密文書。古関彰一・現獨協大学名誉教授が1981年にアメリカ公文書館で発見した（『日本はなぜ、「戦争ができる国」になったのか』矢部宏冶著　集英社より）

国がアメリカに指揮権をわたしていた（一九五〇年七月）ことを念頭においていたはずです。

ですから「戦争になったら自衛隊は米軍の指揮のもとで戦う」ということは、実は日本の独立前の一九五一年二月に、アメリカ側が日米交渉の場で示した旧日米安保条約の草案のなかにも、はっきりと書かれていました。それが結局正式な条文にはできず、密約となったわけですが、もちろんこんなことを正式に合意して表に出したら、いくらおとなしい日本国民でも、黙ってはいなかったでしょう。

しかし、結局はそうやって、すべてを密室で国民に知らせぬまま進めてきたことが、いまにいたるまでこのゆがんだ日米関係が是正できない最大の理由となっているのです。

在日米軍の朝鮮半島への出動に、日本政府は関与できるのでしょうか。実はあいまいになっています

有事に指揮権を日米のどこがもつかという問題に加え、朝鮮半島で戦争が起こった場合、在日米軍がどう動くかということも、あいまいなままです。

二〇一四年のことです。安倍首相の発言が韓国で大きな話題となりました。安倍首相が七月に参議院で、

「朝鮮半島有事のさいに在日米軍基地から米海兵隊が出動するには、日本政府の了解を得なければならない」

と答弁したためでした。

この問題について駐米韓国大使館の関係者は、韓国メディアに対し、

「在日米軍基地は、国連軍司令部の後方基地としての任務を遂行しており、日本政府が介入する根拠はない」とし、

「アメリカ政府も半島有事のさいには事前協議なしに在日米軍を出動させることができると明言している」

と主張しました。

在日米軍の「二重性」を物語るエピソードです。

日米安保条約は、その五条で、

「日本国の施政の下にある領域における、いずれか一方に対する武力攻撃が、自国の平和及び安全を危うくするものであることを認め、自国の憲法上の規定及び手続にしたがって共通の危険に対処するように行動することを宣言する」

と規定しています。実は、朝鮮出撃に関する密約の存在が研究者によって指摘されており、朝鮮有事の場合、在日米軍は日本政府の了解なしに行動できることになっています。

さらに同六条にもとづく交換公文（岸・ハーター交換公文）では在日米軍の「配置や装備の重要な変更と、日本から行われる戦闘作戦行動」に関しては、日本政府と事前協議を行うことが定められています。

しかし、**朝鮮国連軍としての米軍は、米軍司令官の判断によって、なんの制約も受けずに軍事行動を行うことができるのです。そもそも、米本土が攻撃されるかもしれないという緊急事態になったら、事前協議のための十分な時間がとれないことも予想されます。**

まだその矛盾が露呈するような具体的な出来事は起きていませんが、これほど米軍にとって都合のいいシステムが、朝鮮戦争を口実に存続していることは、まさに驚きでしかありません。

戦時の作戦統制権をアメリカにわたしているNATOも、試行錯誤をくり返しています

アメリカと一体化した安全保障体制を組んでいるのは、日本や韓国だけではありません。この章ですでに紹介したNATO（北大西洋条約機構）も、アメリカと連合司令部体制を構成しています。

英独仏などのNATO加盟国は、自国軍隊の一部をNATO軍司令部に拠出し、戦時の作戦統制権をNATO軍司令官（米軍司令官）に委任しています。ただ、加盟国はNATO司令官による指揮権行使を拒否する権限ももっており、戦力大部分の作戦統制権が自動的に委任される米韓の場合とは違いがあります（在日韓国大使館ホームページ戦時の作戦統制権返還の主な争点に関するQ＆A参照）。

NATOは当初は一二カ国でしたが、現在は、アメリカとアイスランド、イタリア、英国、オランダ、カナダ、デンマーク、ノルウェー、フランスなど計二八カ国が参加しています。

NATOは、多国間の集団安全保障体制です。ある一カ国に対する攻撃を、他のすべての加盟国に対する攻撃とみなし、共同で防衛することを規定しています（北大西洋条約第五条）。創設当初から

2017年5月、NATO首脳会議に集まったトランプ米大統領（手前左）とドイツのメルケル首相（同右）ら（ロイター＝共同）

「仮想敵」としていたのはソ連でした。

そのNATOは、冷戦の終結によってソ連の脅威が消滅したことで、大きな転機を迎えました。本来の五条以外の任務、つまり加盟国の領域内だけでなく、欧州・太平洋地域の平和と安定のための役割をはたすようになったのです。

たとえば欧州からみて地球の裏側にある、アフガニスタンのISAF（国際治安支援部隊）でNATOが指揮をとったのはその典型です。しかし、遠く離れた国での活動は、本来の姿とはほど遠いとして加盟国からは批判も起きました。

二〇一〇年、NATOは首脳会議を開き、今後一〇年程度の行動指針となる「新戦略概念」を採択しました。かつての仮想的であるロシアとも協力し、テロ、サイバー攻撃など二一世紀の多様な脅威への対応や、日本など域外国・機関との協力を拡大する「協調的安全保障」の方針も盛りこみました。このようにNATOも、世界の状況にあわせて、活動内容を再三見なおしています。そのプロセスは試行錯誤を重ねながら、今後もつづくでしょう。

日本も、アメリカとの同盟を絶対視し、思考停止してしまうのではなく、どんなあり方が望ましいのか、われわれ自身で考える必要があります。

第6章
朝鮮戦争をどうやって終わらせるか

「朝鮮国連軍」という戦争再開に便利な「装置」があるかぎり、朝鮮半島の平和は実現しません。目先の対立にだけ注意するのではなく、緊張をもたらす根本的な原因をよく考え、取り除く努力が、いまこそ必要です。

北朝鮮の金剛山で行われた南北離散家族の再会事業で語りあう韓国と北朝鮮の離散家族（朝鮮中央通信＝共同）

電撃解任されたバノン首席戦略官の問題発言は、北朝鮮危機の本質を突いていました

「アメリカは中国との経済戦争のまっただ中にいる。このままでは二五年から三〇年後には中国が覇権を握るだろう。〔核やミサイルの開発といった〕北朝鮮問題は余興《サイドショウ》にすぎない」

「北朝鮮問題には軍事的な解決策はない。〔軍事作戦の開始後〕最初の三〇分間で一〇〇〇万人のソウル市民が通常兵器による攻撃で犠牲にならないと証明されるまで、〔軍事的解決は〕忘れるべきだ」

多くの市民を犠牲にしてまで、北朝鮮への軍事攻撃を考えるべきではない。本当のねらいは北朝鮮問題を通じた中国への圧力強化、つまりは覇権争いだというこの発言は、北朝鮮をめぐる危機に対して、かなり冷静に情勢を判断し、アメリカの基本戦略の本質を表現しているものといえるでしょう。これが、たんなる外交評論家の意

スティーブン・バノン（1953-）　元アメリカ合衆国首席戦略官、大統領上級顧問
(Gage Skidmore)

見だったら、同感する人も多いはずです。

しかしこの発言の主であるスティーブン・バノンは、もちろん、「北朝鮮には圧力をかけつづける。軍事的なオプションも排除せず、北朝鮮を支えている中国にも責任を感じさせ、協力させる」と公言しているトランプ政権内部の、しかも大統領の側近中の側近である首席戦略官という役職にいた人物です。

ですからこの発言がアメリカのリベラル系のオンラインメディア「アメリカン・プロスペクト」で公表されると大騒ぎとなり、発言の主であるバノンは、大統領の怒りを買って二〇一七年八月一八日に解任されてしまいました。

朝鮮半島の安定のため、在韓米軍撤退が過去何回も検討されています

けれども彼の発言をよく読むと、そのなかにはもうひとつ非常に重大な内容がふくまれていました。

「中国が北朝鮮の核開発を凍結させるかわりに、アメリカは米軍を韓国から撤収するとい

う交渉を考慮してもいい」

という箇所があったのです。

バノンは、「立ち話のつもりで話したことが掲載された」と釈明しましたが、アメリカ政府のなかで、危機回避のため在韓米軍の撤退が論議になっていた事実をうかがわせました。

在韓米軍は、過去少なくとも三回、撤退の動きがありました。

朝鮮戦争の直前と、ニクソン大統領時代、そしてベトナム戦争後に大統領となったカーター大統領時代です。とくに韓国の人権状況に批判的だったカーターは、朴正熙《パクチョンヒ》大統領時代の一九七五年一月に、韓国からの米軍撤退を打ち出しました。

周囲との相談なしに行われたこの発表は、韓国や日本を驚かせました。結局は撤回されましたが、この方針に反対した当時の在韓米軍司令官のジョン・シングローブ将軍が解任されるという出来事も起きています。アメリカ側には、在韓米軍の撤退が朝鮮半島の緊張緩和につながるという判断があったのです。

文大統領は「朝鮮半島では戦争を許さない」と発言し、トランプ大統領と対立しました

一方、二〇一七年五月に就任した韓国の文在寅《ムンジェイン》大統領は、八月一五日の日本からの解放記念日「光復節」の式典で演説し、アメリカによる北朝鮮への武力行使は許さないと宣言しました。

その直前に、トランプ大統領は記者たちに、

「彼〔北朝鮮の金正恩《キムジョンウン》党委員長〕の脅しは常軌を逸している。北朝鮮は世界が目にしたことのないような炎と怒りに直面するだろう」

と不気味な言葉をのべていました。この表現は、かつてトルーマン大統領が広島原爆投下にあたって行った演説（一九四五年八月六日）にあった、

「彼ら〔日本人〕がわれわれの条件をのまなければ、未だ

2017年9月、韓国大統領府地下の危機管理センターで、与野党の代表と語る文在寅大統領（中央、ソウル新聞提供）

かつて地球上で起きたことのない空からの破壊の雨が降るだろう」

という一節を思い出させました。これは、降伏を受け入れなければ原爆をさらに投下するという警告でした。

このトランプの激しい言葉は、残念ながらこの段階におけるアメリカ人の国民感情も代弁したものでした。

トランプを支持する共和党系のFOXニュースが七月に行った世論調査では、

「核開発をとめるためには武力行使が必要」

との回答が五五％に達していました。一方、

「外交手段だけで〔問題を〕解決できる」

という回答は二九％にすぎず、北朝鮮への武力行使を容認する雰囲気が強まっていたのです。

文大統領はきっと、こういったアメリカの雰囲気を感じていたのでしょう。

「朝鮮半島で再び戦争をくり返してはなりません。**朝鮮半島での軍事活動は大韓民国だけが決めることができ、だれも大韓民国の同意なくして軍事活動はできません。**政府はなにがあっても戦争だけはとめることでしょう」

文在寅（1953-） 第19代大韓民国大統領

と強く牽制しました。北朝鮮問題をめぐるトランプ大統領との姿勢の違いが、はっきりと表面化した瞬間でした。

一方、トランプ大統領と親しい安倍晋三首相は、この危機のなかで何度もトランプと電話会談していますが、ただアメリカと歩調をあわせるだけで、「対話での解決が優先だ」「戦争は避けるべきだ」などとトランプをたしなめたことは一度もありません。

北朝鮮が強硬姿勢をみせればみせるほど、日米韓の協力関係が強化されるどころか、ぎくしゃくしてしまう。金正恩は遠くからそのようすをみて、「してやったり」と思っているかもしれません。

ではこうした各国の思惑が錯綜する朝鮮半島の複雑な緊張関係を、いったいどうすれば和らげることができるのでしょうか？

北朝鮮へ圧力強化路線の先は見通せません

北朝鮮問題の解決に向けた決定的なシナリオはないといってもいいでしょう。いまのところ、圧力強化か、対話かこの二つが論議されています。日米韓の三カ国は、最大限の圧力をかけつづけ、北朝鮮の挑発を抑えこもうとしているようです。ただし、それぞれの国で思惑が違っており、必ずしも歩調があっているわけではありません。

中国とロシアも北朝鮮と深い関係にありますが、アメリカ中心の圧力路線には簡単には乗らない姿勢です。

この本を書いている二〇一七年九月の段階で、国連の安保理では、北朝鮮の命綱である石油の全面禁輸と金正恩党委員長の資産凍結を中心としたきびしい制裁案が提出され、採択されました。しかしこの制裁でも北朝鮮を完全には抑えこめないでしょう。

北朝鮮は二〇一七年九月三日に、六回目の核実験を行いました。しかも、その規模はＴＮＴ火薬に換算して広島の原爆の一〇倍以上にあたるおよそ一六〇キロトンと分析されました（九月六日、小野寺五典防衛相）。この実験の前には、ＩＣＢＭの発射実験を二回、日本の上空を通過する弾道ミサイルの発射を二回強行しています。

一方でアメリカはサード（ＴＨＡＡＤ）とよばれる最新鋭のミサイル迎撃システムを韓国内に配備する一方、ＩＣＢＭの迎撃訓練を行い、朝鮮半島周辺に高い攻撃能力をもった最新戦闘機や空母を巡回させています。

北朝鮮にとって唯一最大の目標は、自国の存続です。ですからよほど追いつめられることがなければ、自分のほうから韓国に攻めこむことは考えられませんが、自国を守るため

どんな圧力があっても核兵器とミサイル開発はやめないでしょう。

軍事作戦計画の見なおしでも、経済制裁でも、北朝鮮をとめることはできませんでした

米韓両国は、有事のさい、北朝鮮の出方に応じて、米韓軍の新作戦計画「五〇一五」を展開するといわれています。五〇はアメリカ国防総省の暗号で「朝鮮半島」を意味しており、この番号がついた作戦計画はいくつか存在しています。北朝鮮による韓国侵攻を想定した「五〇二七」や、北朝鮮の急変事態に対応する「五〇二九」など。米韓が共同で立案したものです。

作戦計画五〇一五は、二〇一〇年一〇月、第四二回米韓安保協議会（ＳＣＭ）で、米韓の国防長官が準備開始で合意しました。北朝鮮の脅威と戦略状況の変化に総合的に対応するための、新しい作戦計画とされています。この計画をもとに共同軍事演習を行い、北朝鮮を牽制しています。

アメリカのトランプ政権は、北朝鮮に対する「戦略的忍耐」の段階はすでに終わり、同国の核開発の野望に歯どめをかけるための「あらゆる選択肢がテーブルの上にある」（テ

ィラーソン米国務長官）と警告しています。先制攻撃や北朝鮮の指導者への直接攻撃も排除しないということです。

けれども**アメリカがいくら軍事作戦計画を見なおしても、米韓が共同で軍事訓練を行っても、北朝鮮をとめることはできませんでした。**

国連で繰り返されてきた経済制裁決議も、まだ目にみえる効果はあげていません。このことはしっかり認識しておくべきでしょう。

緊張緩和のためには、大胆に発想を転換することが必要です

私は朝鮮半島の緊張緩和には三つのステップが必要だと考えています。それは、

① 北朝鮮とアメリカとの軍事的緊張の緩和
⇩
② 朝鮮戦争を終結させるための平和協定の締結
⇩

③　南北の統一

です。だれが考えてもこれが自然な流れなのです。しかし問題は、現実的になかなかこのステップに入れないということです。

ではどうすればいいでしょう。正直なところ、なかなかいいアイデアは浮かびません。あまりにも長いあいだつづいてきた韓国・アメリカと北朝鮮との根深い不信感を考えると、絶望的な気もします。

ただそこで私は、圧力とも対話とも違う、まったく違う提案をしたいと思います。朝鮮半島の対立をもたらせてきた構造をかえようということです。人間の体でたとえるなら、なかなか治らない部位に、強烈な薬を塗りつづけるより、痛みをともなうでしょうが、思い切って切除する方法と表現してもいいかもしれません。

本書では、日本と韓国の安全保障体制が、朝鮮戦争の苦難の歴史のなかから生まれたと書きました。正式なものではありませんが「国連軍」という名前のついた組織が生まれ、北朝鮮の南進に即応する軍事体制が形成されていきました。

しかし、一九五〇年といまでは、朝鮮半島を取り巻く環境や世界の情勢はまったくかわってきています。まるで古くなってあちこちゆがんでいる家を、修理を重ねてむりやり使ってきたようなものでしょう。**いまこそ東アジアに存在する軍事的緊張関係の根本的な原因を考え、それを取り除く努力をすべき時期がきています。**

世界一〇位前後の貿易大国である隣国（韓国）の首都ソウルが、いつでも戦場になりかねない状態で放置されていることは、日本にとっても大きなマイナスです。

日本が戦闘に巻きこまれるかもしれない状態がつづいています

日本政府、とりわけ安倍首相が好きなフレーズに、

「わが国を取り巻く安全保障環境は一層厳しさを増している」（二〇一七年四月一四日、熊本の陸上自衛隊駐屯地での訓示）

というものがあります。北朝鮮の核・ミサイル開発や、東シナ海や南シナ海情勢をあげ、「現実から目を背けることはできない」「〔日本にとっての〕国難」と表現することもあります。

日本にとって朝鮮半島が「きびしい情勢」であるのはまちがいないでしょうが、その一方で、私たちにとってみれば、「朝鮮国連軍」を中心とした現在の対立構図を維持してい

くことは、アメリカの極東戦略や世界戦略に、日本が軍事的に否応なく巻きこまれていく危険性がつづくことを意味しています。

日米同盟を結んでいれば、すべての日本への脅威をアメリカが解決してくれるのでしょうか。そうでないことは、アメリカ自身が証明してくれました。

たとえばトランプは大統領選中に、「アメリカは日本を守るのに、日本はアメリカを守らないというのは不公平だ」などと「安保ただ乗り論」に言及し、日本側では動揺が起きたことを忘れてはいけないでしょう。「選挙戦中の発言は、支持者向けの過激な発言」としてすますわけにはいきません。

さらに二〇一七年に入ってからトランプは、ツイッターで北朝鮮への武力行使をくり返し匂わせ、そのたびに緊張が高まっています。こんな状況は、このまま放置したら、今後何年つづくかわからないのです。そんな毎日はごめんです。

朝鮮戦争を本当に終わらせるために必要なことはなんでしょうか

ここまで書いてきて私は朝鮮半島が少しでも安定し、平和になるためには、朝鮮戦争を本当に終わらせることが欠かせないと考えるようになりました。
そこで、

① 戦時作戦統制権（指揮権）の早期返還を実現する
② 朝鮮戦争の休戦協定を平和協定に切りかえる
③ 朝鮮国連軍を解体し、冷戦構造をなくす
④ 在韓米軍を平和維持軍にする
⑤ 北東アジアに非核化地帯をつくる

という五点を具体的に提案したいと思います。
これらはなにも目新しいことではなく、これまで何度も試みられ、提案されてきたことばかりです。順番は必ずしもこのとおりに進まなくてもいいと思います。まず実現できるところから論議を始めてみたらどうでしょう。
まず戦時の作戦統制権を早期に韓国に戻し、南北対話の条件を整えるべきです
この本では、韓国が、有事のさいに自国の軍を動かす権利である「作戦統制権」を取り

戻すための努力をしてきたことを説明してきました。この権利を韓国がもつことで、韓国へのアメリカの軍事的影響力が減り、対話がしやすくなるはずです。

二〇一七年三月、韓国の憲政史上初めて弾劾され、大統領を失職した朴槿恵の後任大統領に選出された文在寅は、戦時の作戦統制権の返還を早期に実現することを約束しています。これは盧《ノ》武《ム》鉉《ヒョン》大統領時代に一度決定しながら、くり返し延期されていました。

韓国軍がアメリカの支配下におかれていれば、北朝鮮も警戒をとかず、韓国との南北対話にも応じないでしょう。

文大統領は、北朝鮮の度重なる挑発にもかかわらず、南北対話をよびかけています。アメリカのトランプ政権に対しても、北朝鮮との対話をよびかけました。朝鮮戦争の休戦協定を「平和協定」に切りかえる問題についても、真剣に検討するよう求めています。

アメリカ政府は、そうした韓国の融和的な姿勢に戸惑いを隠せませんでしたが、一方で理解も示しています。圧力だけで北朝鮮を動かすことはできないことを、実はわかっているからです。

北朝鮮は核開発を取引材料にしないと宣言しています

朝鮮戦争の休戦協定を平和協定に切りかえることができれば、戦争状態は完全に終わります。北朝鮮をめぐる危機を解消するには、この根本的対応が必要です。解任されたバノンがいうように、あまりにも大きな危険をともなうため、北朝鮮問題に軍事的解決はありません。

北朝鮮自身も、朝鮮戦争の休戦協定を平和協定に切りかえることをくり返し求めています。

たとえば二〇一〇年一月一一日、北朝鮮は外務省の声明で、北京で行われていた北朝鮮の核開発問題をめぐる六者協議の失敗について、「平和体制に関する議論が脱落した点が失敗の原因」と指摘し、「平和協定（の実現）は朝米の敵対関係を解消し、非核化を速いペースで実現する」と主張したことがあります。

二〇一六年一〇月一八日の朝鮮労働党機関紙『労働新聞』は、論評で、「朝鮮半島に生じた険悪な事態は、アメリカの誤った対朝鮮敵視政策がもたらした必然的所産である」

とアメリカの姿勢を批判しています。

そして、

「アメリカによって強いられている核戦争の危険を、強力かつ威力ある核抑止力で終息させ、地域と世界の平和と安全を守ろうとするのは朝鮮の絶対不変の立場である」

と強調しています。

さらに、

「われわれの核は、〔周辺諸国からの経済〕制裁などと取りかえるための、いかなる駆け引きの手段ではないということを、朝鮮〔北朝鮮〕はすでに明白にした」

「アメリカが軍事的圧迫と制裁と封鎖によって、われわれの核武装を解除させるということは、愚かな妄想である」

とも主張しています。

すべてをアメリカの責任にしています。

アメリカも平和協定締結に向けて対話したことがありました

北朝鮮の理屈はずいぶん身勝手です。一方的に悪者にされているアメリカは、それでも北京で開かれていた六者協議の場などを使って北朝鮮との対話し、関係改善の試みをしたことがあります。

たとえばブッシュ（子）政権時代には、北朝鮮をアメリカのテロ国家指定のリストから外しています。平和協定締結に応じる姿勢をみせたこともあります。

しかし、北朝鮮は核開発をやめると約束しながら、裏で着々と進めていきました。そのため、アメリカ政府は、北朝鮮に対して、「約束を守らない国」として抜きがたい不信感をもっているのです。

しかし、このまま武力衝突の危機がつづくのは好ましいことではありません。平和協定を結ぶにあたって、米朝がどんな条件で折り合えるのか話しあうべきです。

金正恩党委員長は狂気にかられた人物であり、交渉などできない

ジョージ・W・ブッシュ（1946-）　第43代アメリカ合衆国大統領（アメリカ国防総省ホームページ）

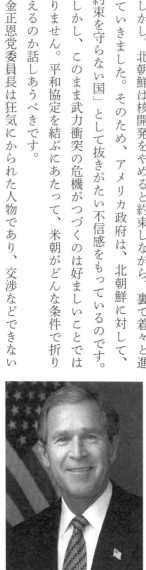

と批判する前に、まず本当に交渉できない人物なのか、もう一度同じテーブルに座って試す必要があるでしょう。

平和協定がどんな内容になるのか考えてみましょう

韓国でも、平和協定に関する意識は意外に低く、市民団体が協定案を発表している以外、関心をよんできませんでした。核やミサイルの開発を進めながら、「平和協定を結ぶべきだ」と主張するのは、北朝鮮側の身勝手な要求だと考えられているからです。

たとえば、北朝鮮との南北関係を担当する韓国統一省の傘下で設立された社団法人「統一戦略研究所」の金ユンテ所長は、

「核を保有したままで平和協定を結べば、北朝鮮は韓国に対する軍事的優位を保つことができる。そのために平和協定の締結を求めているのであり、それは非核のない偽りの平和攻勢だ」

と指摘しています。

たしかにそういう面も否定できません。けれども、今後平和協定が現実に結ばれるとす

れば、それはどんなものになるのか、考えてみる価値はあるでしょう。

民間が作成した平和協定では、国連軍の扱いが焦点となっています

韓国の統一問題を専門とする民間団体「平和統一研究所」が、二〇一〇年に出版した『戦争と分断を終わらせる韓半島平和協定』（ハンウル社）という本のなかに、平和協定の案がくわしく書かれていますのでご紹介しましょう。

全部で六〇条あります。章の目次は左のとおりです。

▽第一章　韓国（朝鮮）人の基本的権利
▽第二章　戦争終了と国連軍司令部の解体と外国軍の撤退
▽第三章　朝鮮民主主義人民共和国（北朝鮮）とアメリカ合衆国の関係正常化と不可侵
▽第四章　朝鮮民主主義人民共和国と大韓民国（韓国）の不可侵と統一
▽第五章　平和地帯と軍事的信頼構築、軍縮

▽第六章　平和協定履行のための共同委員会
▽第七章　国際平和監視団、
▽第八章　付則

この協定には、韓国と北朝鮮、アメリカ合衆国、中華人民共和国という四カ国の代表が署名することになっています。

朝鮮戦争の休戦協定では、国連軍、中国、北朝鮮の三者が当事者として署名しました。韓国は、休戦協定の締結には参加していませんが、この民間版平和協定には、韓国も署名国として加わっています。韓国も戦争当事者なのですから、当然でしょう。

ハイライトはなんといっても第二章です。**朝鮮戦争当時、北朝鮮側に駐屯していた中国の人民解放軍は、一九五八年に完全に軍を撤退させていますが、米軍は国連軍の帽子をかぶったまま、そのまま韓国**

北朝鮮の軍人の遺体を返還するため、板門店の軍事境界線を越えて北朝鮮側に入り、再び韓国側に戻る腕章をつけた国連軍司令部の担当者たち（ソウル新聞提供）

に駐屯しつづけています。この扱いをどうするかです。

朝鮮半島の南と北が平和的な関係になれば、当然国連軍も必要なくなり、中朝間、米韓間の軍事同盟も意義を失うことになるでしょう。在韓米軍の規模も見なおされるでしょう。北朝鮮も核開発をつづける必要がなくなります。

朝鮮半島の緊張は、まちがいなく緩和されます。

形だけの国連軍はもう必要ないはずです。思い切って解体しましょう

平和協定の締結を実現し、朝鮮国連軍は早く解体すべきでしょう。

国連軍の存在自体は、すでに象徴にすぎなくなっていますが、朝鮮半島に対立の構図をもたらす要因として作用しています。一九七五年には北朝鮮と韓国が提出したそれぞれの「国連軍司令部の解体」決議案が国連で採決されていることを、この本でも説明しました。

解体する必要性は、双方が感じています。

朝鮮国連軍をなくすべきだというとすぐに、

「北朝鮮のいいなりにする必要はない」

「北朝鮮の回し者の主張だ」

などという声が聞こえてきそうです。

しかし、国連軍の機能は、米軍と韓国軍が実質的に受けもっています。「はじめに」でも書いたように、国連軍が韓国に存在するかぎり、北朝鮮で戦争が起こったら、国連軍地位協定にもとづき、日本は後方支援をしなくてはなりません。そのことを日本人のどれだけの人が知っているでしょうか。

一九五〇年当時、いくら朝鮮半島で戦闘が起きても、日本は安泰でした。海でへだてられていたからですが、いまは違います。北朝鮮から在日米軍基地をめがけてミサイルがいっせいに飛んでくる可能性があります。

もちろん、その覚悟でのぞむならかまいませんが、日本に住む人のほとんどは、七〇年近く前の協定など知らないでしょう。見なおすべきときがきています。

在韓米軍は、平和維持軍として衣がえする方向をめざすべきでしょう

国連軍の帽子をかぶった現在の在韓米軍は、北朝鮮と対峙し、なにかあれば即座に出撃

を行うという非常に攻撃的な性格を帯びています。もちろん歴史的な経緯をふまえていま す。北朝鮮は朝鮮戦争で韓国に突如侵攻し、その後、数々のテロ事件も起こしてきたからです。しかし緊張緩和と平和の実現には、思い切った発想の転換が必要です。

この本の冒頭で紹介した二〇〇〇年の南北首脳会談でも、金正日総書記は、在韓米軍が平和維持軍のような存在になるなら、朝鮮半島に残ってもいいと語っていました。

在韓米軍は朝鮮戦争後に、その性格がかわり、北朝鮮だけでなく中国を牽制する性格も帯びてきています。中国を無条件で危険な存在と考えていては北朝鮮問題も進展は望めませんので、中国の協力は絶対に欠かせません。

ここ数年、日本では米中戦争をシミュレートした本がたくさん出版され、よく売れました。しかし、本当にそんな事態になれば、日本も壊滅的な被害を受けることはもちろんです。たとえば、ベストセラーになった『米中もし戦わば』(ピーター・ナブァロ著、文藝春秋)には、もし米中戦争がいま起きれば、それは長期化する恐れがあり、新たな冷戦時代を招くと指摘しています。

さらに、

「第一列島線〔中国が設定している対米防衛ライン〕の主要な米軍基地には、中国第二砲兵部隊がすでに照準をあわせている。主要な米軍基地とは、日本本土の佐世保及び横須賀海軍基地と横田空軍基地、沖縄の嘉手納《かでな》空軍基地とトリイステーション陸軍基地、韓国の烏山《オサン》空軍基地と大邱《テグ》陸軍基地のことである」

と指摘しています。在日、在韓米軍の基地も中国の攻撃目標となるのです。

米軍の撤退はアジアに核戦争を引き起こすのでしょうか

この本はまた、米軍がアジアから引きあげた場合、韓国はすぐさま自前の核兵器を開発すると予測しています。北朝鮮が南進し、核兵器を使おうとしたら、

「韓国は北朝鮮に対して躊躇《ちゅうちょ》なく核兵器を使用するだろう」

とのべています。

一方、日本については、

「高性能の核兵器を大量に製造できるだけの専門知識も核物質ももちあわせている。誇り高きサムライの国は、中国による屈辱と征服に甘んじるよりも、北京の共産党指導部を叩き潰すことができれば中国国民が正気を取り戻すかもしれない、とのはかない望みに賭けてでも、核戦争の道を選ぶかもしれない」

と指摘しています。

まったく、とんでもない誤解です。「核には核で対抗するしかない」と考えるのなら、行き着くところは「核戦争」しかありません。

しかし現実をみると、韓国には北朝鮮と意思疎通すべきだと考える人が少なくありません。なかでも文大統領は、まちがいなく「対話派」です。北朝鮮の挑発に対抗する一方で、対話と交流を粘り強く訴えています。また日本ではもちろん、核兵器の廃絶を願う人が多数をしめています。

中国を「警戒対象」や「敵」にしてしまうのではなく、地域の問題にともに取り組む「仲間」とする発想がこれからは必要でしょう。簡単なことではありませんが、環境問題や、少子・高齢化問題などで中国と地道に協力している人たちもいます。米軍は韓国国内に残ったとしても、平和維持を目的とし、先制攻撃は行わないなどと宣言し、段階的に兵力を削減していけば、中国との関係も円滑になるのではないかと思います。

これまでもさまざまな統一政策が出されてきました。まずはゆるやかな連邦制です

南北統一が必要なことは議論する必要はないでしょう。韓国と北朝鮮は、南北分断以降、お互いさまざまな統一プランを提示してきました。

「はじめに」でみたように、**北朝鮮の統一案は基本的に「連邦制」でした。建国以来、北朝鮮は金一族の世襲によって政権が維持されてきたことから、自国の独自性を生かしながら、韓国とゆるやかにつながる連邦制を主張したのです。**

北朝鮮から「連邦制統一案」が最初に提案されたのは、一九六〇年八月一四日のことでした。この年の四月に韓国で四月革命が起き、李承晩《イスンマン》大統領が退陣したタイミングをねらったものでした。当時、韓国の経済は破綻状態にあり、工業生産が順調だった北朝鮮が経済的な優位に立っていたのです。*註

このときの案は、

「当分の間、南北の政治制度をそのまま据えおき、双方が独自の行動を維持し、二つの政府代表からなる最高民族委員会を組織して、経済、文化の発展を図り南北連邦制の国家を

つくる」（解放一五周年での金日成の演説）

ということをうたったものでした。

けれども翌一九六一年になると、北朝鮮にきびしい姿勢をとる陸軍少将の朴正熙がクーデターで権力を握り、一九六三年から大統領として一六年もの長期政権を築いたため、この北朝鮮側が提案した「連邦制統一案」も、すっかり立ち消えになってしまいました。

一九七三年六月には金日成は「祖国統一　五大綱領」として、具体的な統一政策の骨子を発表しています。一九八〇年にも北朝鮮は韓国に、「高麗《コリョ》連邦制案」を提案しました。

＊註　一九六〇年の時点で国民総生産（GNP）は韓国が一九四八、北朝鮮が三五〇八（単位は百万ドル）で二倍近い差がありました。北朝鮮は地下資源が豊富で、日本の支配時代のインフラも充実していたためです。南北の経済力が逆転するのは一九七六年でした。（『韓国と北朝鮮の経済比較』黄義珏著、大阪経済法科大学経済研究所韓国経済研究会訳）

盧武鉉政権では、南北の共同事業が拡大しました

この本の冒頭で、金大中《キムデジュン》大統領の北朝鮮訪問と、南北和解に向けた努力を紹介しました。金大中大統領だけでなく、韓国では歴代の大統領が、独自の対北朝鮮政策をもっていました。

金政権の流れを受け継いで、融和政策をとった進歩系の盧武鉉政権（二〇〇三〜〇七年）は、「平和繁栄政策」の統一案を提示しました。

それに経済的な結びつきを強め、南北が共同繁栄するという基本的な考え方に立った提案でした。

南北共同事業として開城《ケソン》工業団地は、二〇〇四年一二月に操業が開始されました。進出した韓国企業は軽工業を中心に一二四社になり、工業団地で雇用された北朝鮮の労働者は五

ミサイル開発の資金になっているとして操業が中止された開城工業団地（ソウル新聞提供）

万人以上にのぼりました。二〇〇四年から二〇一五年までの工業団地における累積生産は、約三〇億ドルとなり、北朝鮮経済に大きく寄与しました。

しかし二〇一六年に北朝鮮が五回目の核実験を行ったあと、その開城工業団地は朴槿恵《パククネ》政権によって中断されました。北朝鮮側への支払いが核やミサイルの開発資金として流用されているとの疑いをもたれたためでした。

文大統領は、北朝鮮の核開発を段階的に放棄させることを目的にしています

盧武鉉《ノムヒョン》大統領の後、二代つづいた保守系大統領で南北関係はすっかり冷えこみました。現在の文在寅《ムンジェイン》政権は盧武鉉政権の流れを基本的に受け継ぎ、南北関係の基調を「核問題と南北関係を同時に改善していく」ところにおいています。

文大統領が二〇一七年七月に発表した「国政運営五カ年計画」によれば、南北関係では、北朝鮮の「二〇二〇年の核放棄合意」を目標に、まずは北朝鮮に核開発を凍結させ、段階的に完全な核放棄をめざしています。核放棄が実現した段階で、朝鮮戦争の平和協定を結びます。

二〇二〇年に向けて、まず取り組むのは南北対話チャネルの再開です。中断されている北朝鮮南部の金剛山《クムガンサン》観光や、開城工業団地など南北経済協力事業の再開も目標としています。

また長年の課題だった戦時作戦統制権の韓国への返還は、従来は「任期内（二〇二二年五月まで）」としていましたが「早期」へとかわり、ややあいまいになりました。

これらの政策は、金正恩《キムジョンウン》委員長が軍事拡張に走り、アメリカとの対立が決定的になった場合、南北統一はさらに遠のく、いや不可能になるという危機感を背景にしたものです。もちろん状況はそう簡単ではありません。北朝鮮自身が、文政権との対話を拒否していますし、核開発をやめる気配はまったくありません。文政権の内部でも、当面は日米と歩調をあわせて、北朝鮮への圧力強化を進めるべきだという意見が強まっています。

南北の統一に向けた動きは、残念ながら停滞しています。

北朝鮮の発展には、日本の役割も重要になります

今後韓国と北朝鮮が和解し、南北統一に向けて準備を始めるとすれば、双方とも軍備を

拡張して対抗する必要がなくなります。北朝鮮からの侵攻がなくなるのなら、北朝鮮に備える朝鮮国連軍も存在価値がなくなります。

統一がどんな形式になるかは、予測がつきません。完全に韓国に吸収されてしまうか、南北が独自性を維持したまま連邦制のような形で統合されることも考えられます。

一九九〇年代、北朝鮮は経済が破綻し、多くの餓死者を出しています。住民たちは在来市場などを通して独自に食糧などを調達するようになっており、経済状況はここ数年、好転しています。

それでも南北の格差は広がる一方です。

二〇一七年三月にアメリカ中央情報局（CIA）がまとめた「ワールドファクトブック」によれば、韓国の名目国内総生産（GDP）一兆九二九〇億ドル（約二一七兆一八六〇億円）に対し、北朝鮮は四〇〇億ドルにすぎず、経済的格差は四八倍にも上っています。北朝鮮の経済はアフリカのなかの、貧しい国と同じレベルです。

平均寿命も韓国が八二・四歳で世界一二位なのに対して、北朝鮮は七〇・四歳で世界一五七位にとどまっていました。

統一は実は、日本にも関係のあることです。

日本は現在、北朝鮮と国交をもっていません。そのため、これまで三五年間の植民地支配に関する補償交渉は行われていませんが、韓国とのあいだでは一九六五年に日韓基本条約が成立し、国交が樹立されました。これにあわせて有償、無償の合計五億ドルの経済支援が行われています。

南北がなんらかの形で統一された場合、日本は韓国と同様の経済支援を、北朝鮮地域に行う必要が出てきます。この資金が、北朝鮮の発展に欠かせなくなるでしょう。

中国と北朝鮮の核開発は、アメリカの原爆によってもたらされました

いま、北朝鮮の核開発にばかり焦点があたっています。アメリカにはなんの責任もないのに、北朝鮮が一方的に核をふくむ大量破壊兵器を開発して、脅していると考える人も少なくありません。**しかし、歴史的にみると北朝鮮が核開発に手を染めたのは、朝鮮戦争の最中に、マッカーサー司令官が原爆の使用を検討したことにあります。**

仁川《インチョン》上陸作戦で勝利し、平壌《ピョンヤン》を支配下においていた国連軍は、中国の人民義勇軍が一九五〇年一〇月に北朝鮮に入り、翌一一月から参戦したことで北緯三八度線まで撤退を余儀なくされます。マッカーサー国連軍司令官は、義勇軍の神出鬼没の攻撃と人海戦術に手

を焼きました。追いつめられたマッカーサーは、空爆を強化する一方、公の場で核兵器の使用を主張しはじめます。

その内容は常軌を逸していました。マッカーサーが要求した原爆の数はなんと二六発。さらに「侵略軍」に投下するためなどとして、もう八発の使用も求めていました。

マッカーサーの死後に発表されたインタビューによると、「**朝鮮戦争を一〇日で終わらせるため**」**として、満州に三〇〜五〇発の原爆を投下し、強烈な放射線を出す**「**コバルト六〇**」**のベルトをつくる。そうすれば**「**少なくとも六〇年間、北方から北朝鮮に陸路で侵入することはできなくなる**」（『北朝鮮とアメリカ　確執の半世紀』ブルース・カミングス著　明石書店）ことも考えていました。

結局、マッカーサーはトルーマン大統領と対立し、解任（一九五一年四月）されてしまいますが、そのトルーマン大統領ですら一九五〇年一一月三〇日の記者会見のなかで、「米国は［朝鮮戦争で］保有するすべての武器を使用する用意がある」と発言し、原爆使用をちらつかせており、マッカーサー解任以降も、極秘に原爆使用の可能性を検討していました。

北朝鮮は、韓国、アメリカと一九五三年に休戦協定を結んで以降、「**いつまた米韓両軍の攻撃を受けないともかぎらない**」**という恐怖の日々のなかで三分の二世紀もの長い時間を過ごしてきたのです。**

こうしてアメリカは、自国が追いつめられたら、簡単に核攻撃を考える国だという認識が世界に広がりました。そんななりふり構わないアメリカをみて、毛沢東も金日成も核武装を決意したのです。

金正恩《キムジョンウン》党委員長は、初めて公の場に登場した二〇一二年四月一五日の演説で、「軍事技術的優位はもはや帝国主義者の独占物ではなく、敵が原子爆弾でわれわれを威嚇《いかく》していた時代は永遠にすぎさりました。今日の荘厳な軍事パレードがそれを明白に実証するでしょう」と、核開発をつづける理由をのべています。

隣の中国も一九六四年一〇月一六日の午後三時、原子爆弾一発を爆発させ、核保有国の一角を占めるようになりました。

日本ではちょうど、東京五輪が開かれていましたが、お祭りムードはかき消されました。そのときの声明で中国は、「これは中国人民が国防力を強化し、アメリカ帝国主義の核恐喝《きょうかつ》、核威嚇政策に反対する闘争のなかでかちとった大きな成果である」と表明しました。

自分たちの核実験は、アメリカの核への対抗策だと明言したものです。そして、同じ声明のなかで「中国が核実験をおこない、核兵器を開発するのは、迫られて余儀なくするものである」と説明していました。

北朝鮮と中国は、アメリカからの核攻撃をさけるためという理由で独自に核開発をしてきたのです。

北東アジアに「非核地帯」をつくるアイデアもあります。われわれはともに北東アジアの将来を考えていくべきです

国連は二〇一七年七月、核兵器を非合法化する「核兵器禁止条約」を採択しました。この条約は、核兵器の開発や実験、製造、保有、移転などを禁止しました。

この条約には、国連加盟国の三分の二に迫る一二二カ国が賛成しています。アメリカなどの核保有国が参加しておらず、実効性に疑問がもたれていますが、それでも核兵器は「違法」だという国際社会の総意が示された意味は小さくありません。

これまでは核兵器を使用すれば、大量殺戮《さつりく》につながるため、「恐怖の均衡《きんこう》」によって平和が保たれるという説明が核保有国からされてきました、この理屈は、今後通りにくくなるはずです。

加えて世界には、核兵器の製造、実験、取得、保有などをしないという条約を結んだ「非核兵器地帯」がいくつもできています。すでにラテン・アメリカやアフリカなど、五

地域にあるのです。

「北東アジア非核兵器地帯」という構想もあります。日本と韓国と北朝鮮の三カ国を「非核兵器地帯」にしようとするものです。北朝鮮にまず核放棄を迫るという発想をかえ、北東アジア一帯で核兵器をなくそうという考え方です。

アメリカの著名な国際政治学者モートン・ハルペリン博士（元アメリカ大統領特別補佐官）が提唱しているもので、七つの提案をしています。ご紹介しましょう。

この提案のなかには、

「朝鮮戦争の戦争状態を終わらせ、締約国の相互不可侵、友好、主権平等などを宣言する」
「朝鮮戦争の当事者による平和協定の詳細についての交渉を促す」
「核をふくむすべての形態のエネルギーにアクセスする平等の権利をうたう」
「東アジアの安定と朝鮮半島の平和的統一に資することを目的とする『北東アジアにおけるエネルギー協力委員会』を設置する」

などの内容がふくまれています。

やはり朝鮮戦争を終わらせないと、この地域に平和はこないとみているのです。

この提案の背景には、エネルギー協力を通じて、北東アジアをまとめていこうという現実的な考え方があります。（『北東アジア非核兵器地帯』長崎大学核兵器廃絶研究センター刊）

この構想は、北朝鮮の核開発をめぐる問題の解決に向けて、有効なアプローチになるかもしれません。

日本や韓国の政府が、中国やアメリカ、ロシアなどと一緒になって、核のない朝鮮半島の未来図を描き、積極的に動いていくことが求められます。

包括的安保合意による緊張緩和のアイデアも出てきました

ハルペリン氏は、二〇一七年六月、米カリフォルニアに本部を置くNGO・ノーチラス研究所のウェブサイトに「北東アジアの包括的安全保障の合意によって北朝鮮の脅威を終わらせる」と題した論文を寄稿しました。

アメリカ、韓国、オーストラリアの外交官と研究者が協力したこの論文では、ここ数年間の悪化した米朝関係を前提に三段階の「包括的アプローチ」を提言しています。

かなり長期間かけて、問題解決をはかる内容です。第一段階では、北朝鮮が核・ミサイル開発を凍結し、かわりに米韓合同軍事演習を縮小します。

二段階では、北朝鮮問題をめぐる六者協議を再開し、北朝鮮は核物質の製造プラントなどの解体を始めます。あわせて、閉鎖中の南北共同事業の開城《ケソン》工業団地を再開し、国際社会は、北朝鮮にエネルギー支援を行います。この過程に数年間かけます。

最後に北東アジア非核兵器地帯の設立を進めます。最初は北朝鮮を除いたアメリカ、中国、ロシアなど五カ国が、朝鮮半島とその周辺に核兵器を配置しない「非核地帯宣言」を行い、北朝鮮も後で加わる。関係国は、北朝鮮に対して核を使った攻撃も威嚇《いかく》もしないという、「消極的安全保障」を与えます。この過程にいちばん時間がかかり、一〇年ほどを見込んでいます。相互の不信を解くには、このくらい時間がかかるということでしょう。もっともっと各国政府や民間から具体的な提案が出てきてほしいと思います。

このまま対立を放置しておけば、朝鮮半島では核開発競争が進み、戦争も起きかねません

韓国にはアメリカの核爆弾が一九五七年ごろから多いときで約七六〇個、カーター大統

領のときに大幅に減らされ、八〇年代末からは約一〇〇個が配備されてきたとみられています。それらはブッシュ（父）大統領時代に、すべて撤去されました。それらはソ連を主なターゲットにしたものでしたが、北朝鮮も脅威を感じていたのはまちがいありません。

北朝鮮はこういったアメリカの核兵器の脅威を感じ、朝鮮戦争が休戦となった直後から核開発計画を進めていました。

ただし経済的な負担も大きかったのでしょう。一九九一年には韓国とのあいだで朝鮮半島非核化共同宣言に合意しています。それは、

一、南北は核兵器の実験・製造・生産・保有・使用をしない
二、南北は核再処理施設とウラン濃縮施設を保有しない
三、南北は核エネルギーを平和的な目的に利用する

など六項目で構成されていました。

今後、金正恩体制の北朝鮮はどこまで核開発を進めるつもりなのか、どこまで行ったら対話に乗り出すのか、まったく読めません。

このため最近では、韓国内にも独自の核開発を求める声が出ています。自分の国は自分で守る。敵対する北朝鮮との核の均衡を実現するということです。この状況に危機感を抱いたアメリカは、撤去した戦略核を再度韓国に配備することも検討していると報道されています。

日本でも、北朝鮮を念頭に先制攻撃を行うことや、独自に核兵器をもつべきだという極端な意見が浮上しています。

このままでは、核をめぐる対立が朝鮮半島を中心に拡大してしまいます。

日本は日米同盟の強化を理由に、法整備と共同の軍事訓練を増やしています

それでは日本はこの間、どう動いてきたのでしょうか。ストレートにいえば、日本は東北アジアの平和構築のキープレーヤーになるどころか、危機に対応するためとして、日米同盟強化のための法整備に全力をあげてきました。ここ数年の動きをちょっと振り返ってみただけで、日本はどこに向かっているのかが、みえてきます。

アメリカとの同盟強化は、軍事作戦面での具体的な動きをもみせています。

たとえば、二〇一五年には日米両国が、自衛隊とアメリカ軍の作戦上の役割分担を協議し、実行に移す新機関「同盟調整メカニズム（ACM）」と「共同計画策定メカニズム（BPM）」を設置し、運用に入ることで合意しました。

自衛隊と米軍の「軍間の調整所」の設置と「共同計画の策定」を公式に打ち出したわけです。この合意は「日米防衛協力のための指針（ガイドライン）」にもとづくもので、日米両国があらゆる事態に対応するためとされています。外務・防衛当局、国家安全保障局などの幹部が情報を共有し、自衛隊と米軍が連携できるように調整するということです。

名前だけではわかりにくいですが、事実上の日米共同作戦司令部の誕生です。自衛隊が事実上、米軍の指揮下に入ると指摘する人もいます。

二〇一七年五月には、日米同盟強化を象徴する出来事がありました。海自最大のヘリコプター搭載型護衛艦「いずも」が、安全保障関連法にもとづき、米軍の艦船などを守る「米艦防護」を初めて実施したのです。それもこの「同盟調整メカニズム」の成果でした。

海上自衛隊横須賀基地（神奈川県横須賀市）を出港した「いずも」は、五月一日に房総半島沖合で米海軍の補給艦と合流し、警護を行いました。「いずも」に加え、護衛艦の「さざなみ」（呉海軍基地所属）も加わりました。「いずも」には攻撃能力はありませんが、「さざなみ」には高性能二〇ミリ機関砲などが備わっており、攻撃能力をもっています。

万が一、この米補給艦が襲われたら、付近を航行していた、この海自護衛艦二隻が武器を使って守るということも想定されました。

北朝鮮は二〇一七年八月二九日、日本上空を通過する弾道ミサイルを発射しました。これを受けて、航空自衛隊のＦ－15戦闘機と、グアムから飛来した米空軍のＢ－１戦略爆撃機などが八月三一日、共同訓練を実施しました。小野寺防衛相は、この訓練について「目に見える形での北朝鮮への圧力」と説明しています。米軍機はその後、朝鮮半島上空で韓国軍とも共同訓練をしています。

自衛隊とアメリカ軍の一体化が、北朝鮮情勢を弾みにして一気に進みました。

ここで大切な指摘をしておきたいと思います。

アメリカは占領終結直後に日本政府とのあい

護衛艦「いずも」（海上自衛隊ホームページ）

だで「指揮権密約」を交わしていたことを、「はじめに」と第五章で触れました。もういちど思い出してください。これは「戦争になったら、自衛隊は米軍の指揮下に入る」という密約のことです。**朝鮮戦争以来、アメリカは日本をこういう国にしたいと望んでいたはずですが、それがやっと実現しつつあるのです。**

グローバル化の流れがもたらすものは、むしろ国家間の対立かもしれません。北東アジアもその例外ではありません

世界では国家が弱体化していきましたが、逆に、最近になって国家に逆戻りする動きが生まれています。

「グローバル化によって、世界がアメリカ型の社会に収斂《しゅうれん》されていくという見方もあったが、そうはなっていない。この一〇年間で起きたのは、国家の復活、再浮上だ」（『グローバリズム以後』エマニュエル・トッド著、朝日新書）

という指摘もあります。

グローバル化の進展は、ひとつの世界像への収斂ではなく、国内や国家間の対立が際立つ世界を意味するのかもしれません。今後も「国家」を中心とした時代はつづいていくと

の見方が大勢となっています。

大国が国益を前面に出して、争う時代が再びやってくるとは考えたくないのですが、そのときに休戦状態のままの朝鮮半島に、再び火が付く可能性は捨てきれません。

一刻も早く朝鮮戦争を完全に終わらせ、日本の安全保障体制も、根本から組み直すことが求められているのではないでしょうか。

対立を前提とした時代をそろそろ終わりにし、アジアの統合をめざしましょう

安倍晋三首相の、好きなフレーズのひとつに「われわれは毅然として対応する」というものがあります。北朝鮮も脅威だが、南シナ海で強引な海洋進出をつづける中国も信用できない。韓国は歴史問題で日本を批判する。しかしわれわれは断固として引かない、そういう意味なのでしょう。

しかし、その**「毅然とした姿勢」の結果起きたことは、冷たい対立でした。**

首脳同士が国際会議の場で、顔も視線をあわせない。相手の話を聞かずに、お互いが批判しあう。アジアの国々はもっと協力しあえるはずです。特に、民主主義や市場経済とい

う共通項をもつ韓国は重要だと思います。

アジアの国々の協力体制は、利害関係や、同盟関係が複雑に絡みあっており、欧米の研究者のあいだでは「ヌードル・ボウル」とよばれているそうです。麵のように複雑に絡みあって、実態がよくわからないということでしょう。

アジアには東南アジア一〇カ国からなるASEAN《アセアン》（東南アジア諸国連合）をはじめ、APEC、上海協力機構などさまざまな地域統合組織が一二あります。五つにアメリカ、三つにEU、八つにロシアが入っています。

いずれも軍事力に頼らず解決をはかっていこうというねらいです。もちろん、南シナ海をめぐる問題や、領土問題もあります。中国とのあいだでは、二〇〇二年にアセアンと中国が、東シナ海の領有権争いを抑止するための枠組みである「南シナ海行動宣言」をつくりました。さらに法的拘束力を有する「南シナ海行動規範」に発展させようという努力もつづけられています。

アセアンのメンバー国であるベトナムは、同国の軍事要衝であるカムラン湾に米海軍の艦船の寄港を認め、中国に対する軍事的牽制を行っていますが、特定の外国軍の力に依存して、軍事力のバランスをとろうという発想はありません。

北東アジアの国々のつながりを強める努力をつづけましょう。「朝鮮戦争」の終結が、そのスタートになります

アジアでの地域統合への試みは、戦争で数千万人の犠牲を出しながら七年間で統合をなしとげたヨーロッパとくらべてみると差は歴然としています。

「ヨーロッパは内に向かって統合が機能的に細分化しているのに、アジア内部は空洞化しつつあり、他方で、ドーナツと同じように外に広がっている。遠心力現象です」（『リレー講義 世界からみたアジア共同体』渡邊啓貴編、芦書房）という指摘もあります。

つまりアジアにはたくさんの国際組織があるものの、地域を統合する機能が弱いというのです。それでも、紛争を回避する一定の役割をはたしていることはだれも否定できません。

たとえばアセアンでは東南アジア友好協力条約（TAC）とよばれる中心的な条約があります。一九七六年二月に開催された第一回アセアン首脳会議で、出席したアセアン五カ国首脳が署名した条約です。

このなかで、相互尊重をうたい、武力による威嚇や武力の行使を放棄（第二条*註）するこ

とがうたわれています。いわば、ゆるやかな不戦、不可侵条約です。日本も二〇〇二年に締約国となっています。この条約をもとに、年間一〇〇〇回以上の公式会合を重ね、加盟国の信頼を醸成する努力をつづけています。

またASEAN地域フォーラム（ARF）という会合は、政治・安全保障問題に関する対話の枠組みです。北朝鮮の外務大臣も定期的に参加しています。北朝鮮の政権幹部と接触できる唯一の場を提供しているのです。

さらに、アセアン加盟国に日本、中国、韓国を加えた計一三カ国の枠組みもあり「アセアン＋3《プラス・スリー》」とよばれます。さらにインド、オーストラリア、ニュージーランドを加えた「アセアン＋6《プラス・シックス》」もあり、それぞれ首脳会合が開かれ、東アジアにおける経済関係強化などについて話しあいが行われています。小さな国々が世界の主要な国々を対話の枠組みのなかに引き入れてきたのです。

アセアンの前事務局長で、タイ元外相のスリン・ピッツワンは、日本で行った講演のなかで「この地域で私たちが望むものは、動揺を引き起こしかねないようなパワーの不均衡ではなく、パワーの釣りあいであると信じている」（『アジアの地域統合を考える―戦争をさけるために』羽場久美子編著、明石書店）と語っています。

もちろんASEANにも、ヨーロッパを束ねているEUにも問題点はあります。国と国をつなぐ理想的な組織はないのかもしれません。それでも、北東アジアの国々がよりつながりを強め、平和をもたらそうという模索はつづいています。

朝鮮戦争の「終結」は、そのスタートラインになります。

＊註　第二条　締約国は、その相互の関係において、次の基本原則を指針とする。

a・すべての国の独立、主権、平等、領土保全及び主体性の相互尊重

b・すべての国が外部から干渉され、転覆され又は強制されることなく国家として存在する権利

c・相互の国内問題への不干渉

d・意見の相違又は紛争の平和的手段による解決

e・武力による威嚇又は武力の行使の放棄

f・締約国間の効果的な協力

あとがき

朝鮮半島に関心をもち、長年にわたって新聞社で記事を書いてきながら、朝鮮戦争については、ぼんやりした知識しかありませんでした。「南北の分断が固定化し、戦争のおかげで特需が生まれ、日本の経済が生き返った」という程度です。しかし、この本を書きながら、次のことがわかってきました。

最大の問題は朝鮮戦争で急ごしらえされた国連軍という「正義の軍隊」が韓国に残り、北朝鮮と中国に対抗しつづけているところにあるということです。アメリカは、基本的にこの構造を温存することを願い、日本と韓国との軍事協力を強めていこうとしています。

こういう視点でみると、沖縄の普天間《ふてんま》基地（宜野湾《ぎのわん》市）の辺野古《へのこ》「移転」が強引に進められていることや、北朝鮮と対峙している在韓米軍が整理、統合されていること、日本の自衛隊と韓国の軍隊が自国の防衛だけでなく、世界中でアメリカに協力しようとしていることのねらいもみえてきます。

さらに北朝鮮がなぜ、日本をミサイル攻撃すると公言しているのか、朝鮮戦争の休戦協定を平和協定に切りかえるよう求めているのかも、理解できるでしょう。

アメリカにトランプ政権が発足して以降、北朝鮮の核、ミサイル開発に打撃をあたえるため、アメリカが北朝鮮に先制攻撃するのではないか、という見通しをさかんに聞くようになりました。

過去の歴史からみても、そんなに簡単に先制攻撃が実現するわけはありません。しかし、目の前の危機にだけ目を奪われるのではなく、朝鮮戦争当時にさかのぼって危機をもたらせた原因を知り、解決の糸口を探ってみることは、意味のあることだと確信しています。

二〇一七年一一月

五味洋治

安保理決議第八二号　大韓民国への侵略に対する非難　一九五〇年六月二五日　賛成九、反対〇、棄権一（ユーゴスラビア）、欠席一（ソ連）

安全保障理事会は、大韓民国政府には、国際連合朝鮮問題臨時委員会（United Nations Temporary Commission on Korea）が監視し助言をあたえており、同国民衆の大多数が居住する同国の地域に対し効果的な統制と司法権を確保している、合法的に設立された政府である。

当該（大韓民国）政府は臨時委員会の監視の下、同地域の有権者の自由な意思の表明により選出された政府であり、同国の唯一の政府であるとの、一九四九年一〇月二一日付総会決議第二九三号（Ⅳ）における結論を想起する。（中略）

北朝鮮からの大韓民国に対する武力攻撃に対し深い懸念を示し、この行為は平和への侵害であることを決定する。

一　戦闘の即時停止を要請する。北朝鮮当局に対し三八度線までの武装部隊の撤退を要請する。

二　国際連合朝鮮問題臨時委員会に対し以下のことを要請する。

可能なかぎり早急にこの情勢に対する十分に検討された勧告を検討すること。北朝鮮軍の三八度線までの撤退を監視すること。本決議の履行状況に関して定期的に安全保障理事会に報告すること。

三　あらゆる加盟国に対し本決議の履行にあたり国際連合への支援提供並びに北朝鮮当局への支援提供を抑止することを要請する。

安保理決議第八三号　大韓民国への侵略に対する非難　一九五〇年六月二七日　賛成七、反対一（ユーゴスラビア）、棄権二（エジプト、インド）、欠席一（ソ連）

安全保障理事会は、大韓民国に対する北朝鮮からの武力攻撃は平和への侵害であると見なし、戦闘の即時停止を要請し、北朝鮮当局に対し武装軍の三八度線までの撤退を要請する。北朝鮮当局が戦闘停止も三八度線への武装軍撤退も行わず、国際平和と安全の回復のためには緊急の軍事的措置が必要であるとの国際連合朝鮮問題臨時委員会からの報告に留意する。

大韓民国政府から国際連合に対する、平和と安全を回復する即時かつ効果的な措置の要請に留意し、国際連合加盟国が武力攻撃を撃退し当該地域における国際平和と安全の回復のために、大韓民国への支援に必要と思われる措置を講じることを勧告する。

安保理決議第八四号　大韓民国への侵略に対する非難　一九五〇年七月七日　賛成七、反対〇、棄権三（エジプト・インド・ユーゴスラビア）、欠席一（ソ連）

安全保障理事会は、大韓民国に対する北朝鮮からの武力攻撃は平和への侵害であると見なし、国際連合加盟国が武力攻撃を撃退し当該地域における国際平和と安全の回復のために大韓民国への支援に必要と思われる措置を講じることを勧告する。

国際連合の諸政府及び民衆が一九五〇年六月二五日付決議第八二号と六月二七日付決議第八三号にしたがい大韓民国を支援し、武力攻撃から防御し当該地域における国際平和と安全を回復するための迅速かつ力強い支援を歓迎する。（中略）

前述の安全保障理事会決議にしたがい、軍事力及びその他の支援を拠出するあらゆる加盟国は、アメリカ合衆国による統一指揮権《ユニファイド・コマンド》の下に部隊や支援を形成することを勧告する。

アメリカ合衆国に対し、そのような部隊の司令官を任命することを要請する。同時にさまざまな国家が参加している北朝鮮に対する軍事行動において統一指揮権があることを示すため、国際連合旗を使用することを承認する。合衆国に対し、統一指揮権の下で行われた行動について、必要に応じて報告を提出することを要請する。

（いずれも筆者訳）

【解説】安保理決議八二は、安保理が北朝鮮軍による韓国侵攻を「平和の破壊」と認めたことが大きい。この判断を基に、北朝鮮に対して敵対行為の即時停止及び、当時南北を分けていた三八度線以北への即時撤退を要求している。

北朝鮮はこの決議を無視して南進をつづけた。一方アメリカが支援のための軍を韓国に派遣したことを受けて、安保理決議八三で安保理は、より踏みこんだ対応を加盟国に求めた。その内容は武力攻撃を撃退し、当該地域における国際の平和と安全を回復するための援助を韓国にあたえるよう勧告する内容だった。

安保理決議八四は、韓国への支援をより具体化している。その内容は兵力などの援助を提供しているすべての加盟国に対して、アメリカの統一指揮権の下で活動するよう勧告した。そして作戦中の国連旗の使用を認めた。これによって「朝鮮国連軍」が誕生した。

この決定のさい、常任理事国のソ連は欠席しており、決議の有効性が論議となったが、結局有効だと認められ、今日にいたっている。（筆者）

国連総会決議三七七号　平和のための結集　一九五〇年一一月三日

A章

一・安全保障理事会が、常任理事国の不一致によって平和への脅威、平和への妨害もしくは侵略行為があると思われるいかなる事案において、国際的な平和と安全に対する主要な責任をはたすことができない場合、総会はその事案を速やかに討議し、加盟国に対して集団的措置をとるよう適切に勧告する。

この集団的措置には、平和の破壊もしくは侵略行為に対し、国際的な平和と安全を維持し、もしくは保全するために必要な武力の行使をふくんでいる。総会会期中でない場合には、開催の要求があってから二四時間以内に臨時特別総会を開かなければならない。（筆者訳）

二．（略）

B、C、E章（略）

【解説】アメリカのアチソン国務長官の提案を受け、国連総会で採択された。この当時は、ソ連が安保理で拒否権を乱発しても、平和の破壊を食いとめるため、武力行使を実現するのがねらいだった。その後一〇回、この決議にしたがって臨時特別総会が開かれている。

冷戦終了後、安保理における拒否権行使の回数は激減した。決議採択は全会一致が原則となっており、結集決議も影が薄くなっている。一九九七年に招集された一〇回目の臨時特別総会では、イスラエルに批判的な安保理決議案に対してアメリカが拒否権を行使し、それに不満をもつアラブ諸国を中心に招集の要請が出された。皮肉にも、米国の拒否権行使が引き金になった。（筆者）

（過去の決議は以下のサイトにある http://www.un.org/en/ga/sessions/emergency.shtml）

本文のなかで触れた以外の主な参考文献（順不動、書名、著者、訳者、出版社）

■韓国語
『韓半島の外国軍駐屯史』イジェボム他　チュンシム
『北韓南侵以後　三日間　李承晩大統領の行跡』ナムジョンオク　サルリム
『国連軍司令部』李時雨　トウルニョク
『在韓米軍の話』キムヨンハン　インコル
『在韓米軍』キムイルヨン他　ハンウル
『戦時作戦統制権の誤解と真実』韓国国防安保フォーラム編　プラネットメディア
■英　語
『The Pueblo Incident: A Spy Ship and the Failure of American Foreign Policy』Mitchell B. Lerner University Press of Kansas
■日本語
『朝鮮戦争全史』和田春樹　岩波書店
『在日米軍　変貌する日米安保体制』梅林宏道　岩波新書
『検証・安保法案どこが憲法違反か』長谷部恭男　有斐閣
「占領・独立『新時代』―戦後外交十五年」上村伸一　時事新書
『情報収集艦プエブロ号―日本海のミステリー』上、下　トレバー・アンブリスター　中村悌次訳　大日本絵画
『米軍再編の政治学』ケント・カルダー　日本経済新聞出版社
『大統領の挫折―カーター政権の在韓米軍撤退政策』村田晃嗣　有斐閣

『アジアのなかの日本』田中明彦　NTT出版
『朝鮮半島のいちばん長い日』、崔源起、鄭昌鉉　福田恵介訳　東洋経済新報社
『米国に堂々と対した大韓民国の大統領たち』李春根　洪ヒョン訳　統一日報社
『ザ・ペニンシュラ・クエスチョン―朝鮮半島第二次核危機』船橋洋一　朝日新聞社
『どうなる南北統一Q＆A』　解放出版社
『冷戦と「アメリカの世紀」―アジアにおける「非公式帝国」の秩序形成』菅英輝　岩波書店
『GHQ知られざる諜報戦―新版・ウィロビー回顧録』C・A・ウィロビー　山川出版社
『アジア冷戦史』下斗米伸夫　中公新書
『日本外交史　二七　サンフランシスコ平和条約』西村熊雄　鹿島平和研究所　鹿島出版社
『昭和戦後史「再軍備」の軌跡』読売新聞戦後史班編　中公文庫プレミアム
『マッカーサー大戦回顧録』（下）ダグラス・マッカーサー　津島一夫訳　中公文庫
『日ソ国交回復秘録　北方領土交渉の真実』松本俊一　朝日選書
『東京―ワシントンの密談』宮沢喜一　中公文庫
『回想十年』（中）吉田茂　中公文庫
「吉田首相の極秘メモランダム」『防衛学研究』永澤勲雄　二〇〇〇年七月二四号
『サンフランシスコ平和条約・日米安保条約―シリーズ戦後史の証言・占領と講和七』西村熊雄　中公文庫
『北朝鮮五十年史―「金日成王朝」の夢と現実』金学俊　李英訳　朝日新聞社
『南朝鮮革命と祖国の統一』金日成　未来社
『日米安保体制論―その歴史と現段階』吉岡吉典　新日本出版社

五味洋治（ごみ・ようじ）
1958年、長野県生まれ。早稲田大学第一文学部卒業。1983年に中日新聞社東京本社へ入社し、1997年に韓国の延世大学に語学留学。ソウル支局、中国総局を経て、現在、東京新聞論説委員。著書に『父・金正日と私』（第44回大宅壮一ノンフィクション賞候補作：文春文庫）、『生前退位をめぐる安倍首相の策謀』（宝島新書）などがある。

「戦後再発見」双書 7

朝鮮《ちょうせん》戦争《せんそう》は、なぜ終《お》わらないのか

2017年12月20日　第1版第1刷発行

著　者……………………………
五　味　洋　治
発行者……………………………
矢　部　敬　一
発行所……………………………
株式会社 創　元　社
http://www.sogensha.co.jp/
本社　〒541-0047 大阪市中央区淡路町4-3-6
Tel.06-6231-9010　Fax.06-6233-3111
東京支店　〒162-0825 東京都新宿区神楽坂4-3 煉瓦塔ビル
Tel.03-3269-1051
企画・編集……………………………
書　籍　情　報　社
印刷所……………………………
三松堂株式会社

ISBN978-4-422-30057-3